W0383789

La Cucina
Siciliana

Maria Teresa di Marco
Marie Cécile Ferré

La Cucina *Siciliana*

Fest der Sinne

Fotos von Maurizio Maurizi
Aus dem Italienischen von
Ingrid Ickler

edition styria

Inhalt

UGURI

Italien ohne Sizilien
macht gar kein Bild in der Seele:
Hier ist der Schlüssel zu allem.

Goethe, Reise nach Italien, 13. April 1787

Einführung

In Sizilien findet fast alles im Freien statt, auch das Essen. Küchenrezepte werden von Tür zu Tür, über Balkongeländer hinweg, ja buchstäblich von Mund zu Mund weitergegeben und fantasievoll variiert. In der *Cucina Siciliana* vereinen sich unterschiedliche kulinarische Traditionen: die arabische Küche mit ihren süß-sauer-scharfen Gerichten, die elegante *Haute Cuisine* Frankreichs und die bodenständige regionale Küche, die es natürlich besonders gut versteht, heimische Produkte zu verarbeiten. Darüber hinaus haben auch landschaftliche und strukturelle Besonderheiten Einfluss auf die sizilianische Küche genommen.

Jede Köchin, jeder Koch ist fest davon überzeugt, dass seine Variante die beste ist. Das Essen und seine Zubereitung sind deshalb Thema gestenreicher, hitziger Diskussionen: Was sind die richtigen Zutaten? Wie wird das jeweilige Rezept optimal umgesetzt? Auf welchem Gemüsemarkt kauft man die besten Produkte?

Die sizilianische Küche, diese Fundgrube kulinarischer Genüsse, in einem Buch beschreiben zu wollen, ist gewiss kein leichtes, sondern ein fast unmögliches, ja sogar »gefährliches« Unterfangen.

Um einen Ausweg aus dem kulinarischen Labyrinth zu finden, haben wir uns helfen lassen und Mütter, Großmütter, Tanten, Freundinnen und Freunde aus allen Ecken und Enden Siziliens befragt und ihre Rezepten und Geschichten zu Papier gebracht. Denn eines ist klar: Wenngleich geografisch nur eine Insel, ist Sizilien kulinarisch eher ein ganzer Kontinent.

Und so ist dieser Bildband nicht nur ein Kochbuch, sondern auch eine Sammlung vielfältigster Rezepte und Geschichten rund ums Essen – von uns zusammengetragen und aufgeschrieben.

Sfiziàrisi

Antipasti und Snacks

OLIVE IN SALAMOIA »CUNZATE«
OLIVEN MIT SELLERIE, KNOBLAUCH UND PEPERONCINO

FÜR DIE SALZLAKE
500 g frische grüne Oliven
etwa 80 g Salz
einige Stängel wilder Fenchel

FÜR DIE »CUNZATURA«
1 frischen Peperoncino, entkernt und fein geschnitten
1 Stange Bleichsellerie, fein geschnitten
1 Knoblauchzehe, fein gehackt
1 Handvoll frischer Oregano
3 EL (etwa 45 ml) Weißweinessig
4 EL (etwa 60 ml) Olivenöl extravergine

Die Oliven drei Tage in Wasser einlegen, das Wasser dabei zweimal täglich wechseln. Darauf achten, dass die Oliven stets mit Wasser bedeckt sind, am besten mit einem Teller oder einem sonstigen Gewicht beschweren.
Für die Lake 1 Liter Wasser mit dem Salz mischen. Um zu überprüfen, ob die Lake salzig genug ist, ein rohes Ei ins Wasser legen. Schwimmt es, stimmt die Mischung, wenn nicht, noch etwas Salz hinzugeben. Die Oliven in der Lake etwa vier Wochen durchziehen lassen, dabei stets zugedeckt halten.
Danach die Oliven mit einem kleinen Messer entkernen, darauf achten, dass die Frucht möglichst nicht beschädigt wird. Sellerie, Knoblauch und Peperoncino hinzufügen, mit Essig, Öl und Oregano würzen.

Auf allen sizilianischen Märkten finden sich Stände, wo man Oliven in vielen Variationen kaufen kann: entweder bereits fertig gewürzt oder in Lake eingelegt, sodass man sie zu Hause nach Belieben würzen kann. Auf den Märkten gibt es natürlich auch Kapern, getrocknete Tomaten, Sardellen in Salzlake und Saisongemüse.

OLIVE FARCITE ALLA MENTA
OLIVEN MIT MINZE GEFÜLLT

Für 4 Personen
30 Oliven in Salzlake
2 EL Semmelbrösel
3 EL mittelalter Pecorino, frisch gerieben
1 Knoblauchzehe, fein gehackt
3 Stängel frische Minze, fein gehackt
1 EL (15–20 ml) Olivenöl extravergine
1 EL (15–20 ml) Weißweinessig
1 Handvoll Oregano (nach Belieben)

Die Semmelbrösel mit dem Pecorino mischen, den Knoblauch und die Minze hinzufügen und nach und nach den Essig und das Öl dazugeben, sodass eine körnige, dickflüssige Masse entsteht. Die Oliven abspülen, entkernen und aufschneiden, mit der Masse füllen und zusammendrücken. Nach Belieben noch Minze oder Oregano hinzufügen.

Die Oliven lassen sich einige Tage im Kühlschrank aufbewahren, dabei sollte man immer darauf achten, dass sie großzügig mit Olivenöl bedeckt sind.

H.D. Lee
CORAL GABLE FL.
BAND ON TOUR.

ARANCINE DI RISO
GEFÜLLTE REISBÄLLCHEN

Für etwa 25 Arancine
1 kg Risottoreis (Arborio oder Roma)
1 Päckchen Safranpulver oder 6 Safranfäden
4 Eier
80 g Pecorino, frisch gerieben

FÜR DIE FÜLLUNG
500 g gemischtes Rind- und Schweinefleisch (oder gemischtes Hackfleisch)
1 helle Zwiebel
1 Karotte
1 Stange Bleichsellerie
1 kg vollreife Tomaten (oder 800 g geschälte Tomaten aus der Dose)
1 EL doppelt konzentriertes Tomatenmark
einige Lorbeerblätter
1 Glas kräftiger Rotwein
Olivenöl extravergine
einige Blätter Basilikum
Salz, Pfeffer aus der Mühle
180 g Caciocavallo (oder vergleichbarer Hartkäse)
200 g gekochte Erbsen in Brühe

FÜR DIE PANADE
3–4 Eier, Semmelbrösel nach Belieben

Den Reis in leicht gesalzenem Wasser bissfest kochen, das Wasser abgießen. Einige Stunden, besser eine ganze Nacht ruhen lassen.
Für die Füllung die Zwiebel, den Sellerie und die Karotte in etwas Olivenöl anbraten, dann Fleisch, Tomatenmark und Wein hinzufügen. Wenn der Wein verkocht ist, die geschälten und entkernten Tomaten, Lorbeerblätter, Basilikum und ein Glas Wasser dazugeben. Salzen und pfeffern. Etwa 2 Stunden bei kleiner Hitze köcheln lassen, dabei hin und wieder umrühren, wenn nötig, etwas Wasser hinzugeben. Aber Vorsicht! Die Mischung sollte nicht zu dünnflüssig werden. Danach das Fleisch mit dem Wiegemesser hacken und die Füllung beiseitestellen.
Den Reis mit dem Pecorino, den verquirlten Eiern und dem zuvor in lauwarmem Wasser aufgelösten Safran verkneten. Etwas Reismasse in eine Hand nehmen, ein Schüsselchen formen und mit dem Daumen der anderen Hand eine Vertiefung hineindrücken. Anschließend mit 1 EL Fleischmasse und etwas Caciocavallo füllen, mit Reis verschließen und zu einer Kugel (oder, nach catanesischer Tradition, zu einem Oval) formen. Bei diesem Arbeitsschritt sollten die Hände immer gut mit kaltem Wasser befeuchtet werden.
Für die Panade die Eier verquirlen und die *Arancine*-Bällchen darin eintauchen, danach in Semmelbröseln wälzen und einige Minuten in heißem Öl frittieren. Sofort servieren.

Name und Form dieser Reisbällchen variieren zwischen dem Westen und dem Osten Siziliens. In Palermo heißen sie *Arancine* und haben die Form einer Orange, in Catania nennt man sie *Arancini*; die Form ähnelt einer Krokette.

CRISPÈDDI CON RICOTTA O ACCIUGHE
TEIGTASCHEN MIT RICOTTA UND SARDELLEN

Für etwa 40 *Frittelle*
FÜR DEN TEIG
500 g Mehl
25 g frische Hefe
Wasser
1 Prise Salz

FÜR DIE FÜLLUNG
250 g Ricotta, gut abgetropft
etwa 20 Sardellenfilets
Öl oder Schmalz zum Ausbraten

Die Hefe in lauwarmem Wasser auflösen und mit dem Mehl mischen, das Salz hinzufügen und das Ganze zu einem glatten Teig verkneten. Der Teig sollte dickflüssig und klebrig sein. Danach mit einem Tuch abdecken und an einem warmen Ort einige Stunden gehen lassen. Die Hände gut anfeuchten. In die eine Hand etwas Teig nehmen, mit der anderen Hand eine Sardelle oder etwas Ricotta hineindrücken und mit Teig verschließen. Die Sardellenteigtaschen zu einem Oval, die Ricottavariante zu einer Kugel formen. Einige Minuten in reichlich heißem Öl oder Schmalz frittieren, bis die Teigtaschen goldbraun und fest sind. Mit einem Schaumlöffel aus dem Fett nehmen und gut abtropfen lassen, dann ein zweites Mal kross frittieren und sofort servieren.

PANE CA' MEUSA DELLA FOCACCERIA DI SAN FRANCESCO
GEFÜLLTE SESAM-FOCACCIA

FÜR DIE SESAM-FOCACCIA
1 kg Mehl (Type 00, ersatzweise 405)
25 g frische Hefe
1 TL Zucker
10 g Malz
1 EL Honig
250 ml Wasser
20 g Salz, weißer Sesamsamen

FÜR DIE FÜLLUNG
gekochte Milz, in Scheiben geschnitten
gekochte Lunge, fein geschnitten
Schweineschmalz (nach Belieben)
gehobelter Caciocavallo (oder vergleichbarer Hartkäse nach Belieben)
ganz frischer Ricotta vom Schaf (nach Belieben)
Zitrone (nach Belieben)

Für die Focaccia den Backofen auf 200 °C vorheizen. Das Mehl mit der in etwas lauwarmem Wasser aufgelösten Hefe vermischen. Anschließend Zucker, Malz, Honig, Salz und ½ Liter Wasser hinzugeben und die Mischung zu einem glatten Teig verarbeiten. Mit einem Tuch abdecken und etwa 3 Stunden gehen lassen. Danach aus dem Teig kleine Brotlaibe formen, die Oberfläche mit etwas Wasser bestreichen und in Sesam wälzen. Dann die Laibe mit der Oberseite auf ein mit Sesam bestreutes Backblech legen und im heißen Ofen goldbraun backen.
Für die Füllung das Schweineschmalz in einer Pfanne erhitzen und Milz sowie Lunge einige Minuten anbraten. Danach die Brotlaibe mit der Masse füllen. Nach Belieben Zitrone, Caciocavallo oder eine Mischung aus Caciocavallo und Ricotta hinzufügen. Diese Version nennt man *Focaccia maritata*.
Taucht man den Ricotta in das Fett, in dem die Milz gebraten wurde, und fügt noch etwas Caciocavallo hinzu, bekommt man eine *Focaccia schietta*.

Dieses Rezept stammt aus der Focacceria San Francesco in Palermo, wo wir das *Pane ca' meusa* das erste Mal gegessen haben. Wir geben es genauso wieder, wie es uns in aller Eile auf ein Stück Briefpapier gekritzelt wurde.

PIZZA SICILIANA
SIZILIANISCHE PIZZA

Für etwa 8–10 Pizzen
1 kg Mehl (Type 00, ersatzweise 405)
30 g Zucker
30 g Salz
30 g Schweineschmalz
30 g frische Hefe

FÜR DIE FÜLLUNG
800 g Tuma (oder ähnlicher Schafskäse), in kleine Würfel geschnitten
10–12 große entsalzte Sardellenfilets, fein gehackt
Pfeffer aus der Mühle

Für den Teig alle Zutaten miteinander verkneten und so viel Wasser hinzufügen, dass ein homogener, glatter Teig entsteht, für dieses Rezept etwa ½ Liter. Den fertigen Teig etwa 20 Minuten ruhen lassen, dann kleine Stücke von etwa 100 g abteilen und diese mit einem Nudelholz zu einem Kreis (etwa 25 cm Ø) ausrollen. In die Mitte etwas Tuma und ein Sardellenfilet geben, reichlich mit Pfeffer würzen und zusammenklappen. Den Rand mit etwas Wasser bestreichen, sorgfältig festdrücken, mit einem Teigrädchen die überstehenden Enden abschneiden und bei 180 °C etwa 3 Minuten in der Fritteuse backen. Sofort servieren.

Das Bild auf der rechten Seite unten zeigt die Scacciata catanese con tuma e acciuga. Sie enthält Tuma und Sardellen und ist auf Sizilien besonders in den Wintermonaten beliebt.

SCACCIA RAGUSANA
GEFÜLLTE TEIGTASCHEN ALLA RAGUSANA

Für 4 Personen

FÜR DEN TEIG
500 g Hartweizenmehl
etwa 1 Glas lauwarmes Wasser
3 EL Weißwein, Saft einer ½ Zitrone
3 EL Olivenöl extravergine
1 TL Salz

FÜR DIE FÜLLUNG
1 EL Olivenöl extravergine
2 große rote Zwiebeln, fein gehackt
600 g vollreife Tomaten (oder 400 g geschälte Tomaten aus der Dose)
1 Peperoncino, entkernt und fein gehackt
Salz
150 g Caciocavallo, frisch gerieben

Das Mehl in eine Schüssel geben, eine Vertiefung in die Mitte drücken und das Salz hinzufügen. Anschließend mit einer Hand das Wasser hinzufügen und mit der anderen die Mischung verkneten. Nach und nach den Wein und den Zitronensaft dazugeben und alles zu einem homogenen Teig verkneten. Ausrollen, mit Olivenöl beträufeln und so lange weiterkneten, bis das Öl komplett vom Teig aufgenommen worden ist. Zu einer Kugel formen und mit einem Küchenhandtuch abdecken.
In der Zwischenzeit die Füllung zubereiten: Das Olivenöl erhitzen und die Zwiebeln glasig anschwitzen. Die Tomaten hinzufügen und etwa 10 Minuten dünsten. Dann den Peperoncino und eine kleine Prise Salz hinzufügen.
Den Backofen auf 200 °C vorheizen. Den Teig auf einem mit Backpapier ausgelegten Backblech etwa einen ½ cm dick zu einem Quadrat ausrollen, die Ränder etwas nach innen klappen und die Tomatenmasse darauf verteilen, dabei links und rechts etwa 5–6 cm frei lassen.
Mit dem Caciocavallo bestreuen. Die beiden gegenüberliegenden Seiten zur Mitte so falten, dass die Kanten fast aneinanderstoßen, dann wie ein Buch zusammenklappen. Die Teigtasche oben und unten mit einer Küchenschnur verschließen, damit die Füllung nicht herausläuft. Mit Olivenöl bestreichen und im heißen Ofen etwa 30 Minuten backen.

CALIA E SIMENZA
GERÖSTETE KICHERERBSEN MIT SÄMEREIEN

Es ist schwierig, ja nahezu aussichtslos, in diesem Kochbuch ein Rezept für die Zubereitung von gerösteten Kichererbsen vorzuschlagen. Und das nicht nur, weil man dazu besondere Gerätschaften braucht, sondern auch, weil Sie sich wohl kaum Vulkanasche besorgen können, mit der die Kichererbsen im Osten Siziliens geröstet werden.
Dieses Gericht gehört untrennbar zu Sizilien, zu Heiligenfesten, Prozessionen und Jahrmärkten. Hier werden die Kichererbsen von Straßenhändlern verkauft und sofort verzehrt. Die Tüte wandert von Hand zu Hand, und wenn das Fest zu Ende ist, ist nichts mehr übrig.
Am nächsten Morgen schmecken sie sowieso nicht mehr. Das Geheimnis ist die Röstung, deshalb müssen die Kichererbsen sofort danach gegessen werden. Mit *Simenza* bezeichnet man geröstete Sämereien, die zusammen mit der *Calia* gegessen werden.

'NGIMINATI
SESAMRINGE

Für 1 kg 'Ngiminati
1 kg Weizenmehl
15 g Salz
70 g Zucker
50 g frische Hefe
1 Handvoll Fenchelsamen
Sesamsamen (nach Belieben)

Den Backofen auf 180 °C vorheizen. Den Teig wie Brotteig zubereiten und die Fenchelsamen hinzufügen. Nach dem Gehen den Teig nach Grissini-Art zu Ringen formen. Vor dem Backen in einer Mischung aus etwas Wasser und Sesam wälzen (durch das Wasser haften die Körner besser am Teig). Bei mäßiger Hitze im heißen Ofen kross backen.

Normalerweise bezeichnet das Wort *'Ngiminati* im Sizilianischen süße Plätzchen, die mit *Giuggiulena* (Sesam) bestreut sind. Die hier beschriebene salzige Variante wird besonders im Sommer als Snack im Freiluftkino »Giardino di Riposto« geschätzt. Da das Knabbern dieser Spezialität dort inzwischen zu einem Pausenritual geworden ist, entschlossen wir uns, die Bäckerei Gulisano in Riposto um das Rezept zu bitten und es hier abzudrucken.

PANE CUNZATO
SAUERTEIGBROT

Für 9 kg Brot
500 g Sauerteig
8 ½ kg Mehl
2 Handvoll Salz
3 l Wasser

Den Sauerteig morgens beim Bäcker kaufen und abends mit 500 g Mehl und etwas Wasser zu einem weichen Teig verkneten, mit Mehl bestäuben, auf den Tisch schlagen und zu einem Kringel formen. Eine Nacht ruhen lassen. Am nächsten Morgen die restlichen 8 kg Mehl auf die Arbeitsplatte häufen, eine Vertiefung in die Mitte drücken, den Sauerteig und das Salz hineingeben. Mit dem Wasser nach und nach zu einem glatten Teig verkneten. Der Knetvorgang dauert etwa 1 Stunde, dabei immer wieder den Teig mit der Faust schlagen und wenden, sodass er das Wasser gut aufnehmen kann. Anschließend flache Brote formen, auf eine bemehlte Arbeitsfläche legen und mit einem Wolltuch umwickeln. Weitere Brote darauflegen und wieder mit einem Wolltuch bedecken. Nach etwa 2 Stunden beginnt der Teig zu gehen (die Oberfläche bekommt kleine Risse), und es wird Zeit für den Ofen.
Der Holzofen sollte etwa 1 Stunde vorher angeheizt werden. Wenn die Ofenwände weiß sind und die Scheite knistern, das Holz entfernen und den Ofen mit dem *Scupazzo* ausfegen. Um die Ofentemperatur zu prüfen, ein wenig Mehl in den Ofen werfen: Verbrennt es, ist die Temperatur zu hoch, in diesem Fall ein wenig Wasser in den Ofen schütten und nochmals ausfegen. Hat der Ofen die richtige Temperatur, die Brote etwa 45 Minuten backen. Das noch warme Brot aus dem Ofen nehmen, in der Mitte quer durchschneiden und mit reichlich Olivenöl bestreichen, mit Salz und Oregano würzen und einige schwarze Oliven darauflegen. Natürlich gibt es auch aufwändigere Varianten. Aber wie so oft ist auch hier das Einfachste gleichzeitig das Beste.

Dieses Rezept wurde uns von Signora Angela verraten, die das Brot noch heute so backt, wie sie es von ihrer Mutter gelernt hat. Ich muss dabei an meine Großmutter Maria Teresa denken. Mein Vater hat mir erzählt, wie sie sich den Sauerteig mit der Nachbarin geteilt hat und einmal in der Woche den Ofen zum Brotbacken angeheizt hat. Ich stelle sie mir vor, wie sie mit feuerrotem Gesicht vor dem Ofen steht, und sehe die Flammen im Ofen lodern.

Primi

Pasta, Reis und Suppen

PASTA ALLA NORMA
SPAGHETTI ALLA NORMA

Für 4 Personen
400 g Spaghetti
2 große hellviolette Auberginen
grobes Salz
Erdnussöl zum Frittieren
1 kg vollreife Tomaten
(oder 500 g Tomaten aus der Dose)
4 EL Olivenöl extravergine
1 Knoblauchzehe, fein gehackt
einige Basilikumblätter
(am besten ist krauses Basilikum)
200 g im Ofen gebackener Ricotta,
frisch gerieben
1 TL Zucker
Salz (nach Belieben)

Die Auberginen schälen und längs in schmale, etwa ½ cm dicke Scheiben schneiden. In einen großen Topf schichten, nach jeder Schicht mit grobem Salz bestreuen. Zum Abschluss mit einem umgedrehten Teller abdecken und mit einem Gewicht (zum Beispiel einem mit Wasser gefüllten Topf) beschweren, dann einige Stunden ruhen lassen.
Anschließend die Auberginen sorgfältig abspülen, um das Salz zu entfernen, mit einem sauberen Küchentuch trocken tupfen und in reichlich heißem Erdnussöl goldbraun frittieren. Beiseitestellen.
Die Tomaten blanchieren, schälen und die Kerne entfernen. Das Olivenöl erhitzen und den Knoblauch glasig anschwitzen.
Die Tomaten hinzufügen und weich dünsten. Vom Herd nehmen und durch ein Sieb streichen. Das Basilikum, Zucker und etwas Salz hinzufügen und wieder auf den Herd stellen. Bei kleiner Hitze dicklich einkochen lassen.
Die Spaghetti in reichlich Salzwasser al dente kochen und abgießen. Mit dem Tomatensugo und den Auberginen mischen, mit dem Ricotta bestreuen und nach Belieben mit einigen Basilikumblättern verzieren. Sofort servieren.

PASTA CON LA MOLLICA
SPAGHETTI MIT SARDELLENPASTE

Für 4 Personen
400 g Spaghetti (oder Bucatini)
5 EL Olivenöl extravergine
4 Knoblauchzehen, fein gehackt
(am besten Knoblauch aus Nubia)
4 gesalzene Sardellenfilets
200 g Semmelbrösel
Salz

Das Öl in einer großen Pfanne erhitzen und den Knoblauch glasig anschwitzen.
Die gut gewaschenen und abgetropften Sardellen dazugeben und so lange braten, bis sie zerfallen. Beiseitestellen.
In einer zweiten großen Pfanne bei großer Hitze die Semmelbrösel ohne Fett anrösten, dabei ständig mit einem Holzlöffel rühren, da die Brösel leicht anbrennen. Sobald sie goldbraun sind, in einem Teller beiseitestellen.
Die Spaghetti in reichlich Salzwasser al dente kochen und abgießen. Mit der Sardellenpaste mischen und die Semmelbrösel darüberstreuen.
Sofort servieren.

Die Semmelbrösel können auch in 1 EL Olivenöl angeröstet werden, damit sie nicht zu trocken sind – wenn Sie das viele Öl nicht abschreckt!

PASTA CON I VROCCULI ARRIMINATI
BUCATINI MIT BLUMENKOHL UND SARDELLEN

Für 4 Personen
400 g Bucatini
1 mittelgroßer Blumenkohl
(am besten eine grüne oder violette Sorte)
2–3 ELOlivenöl extravergine
1 Zwiebel, fein gehackt
2 Knoblauchzehen, fein gehackt
3 gesalzene Sardellenfilets
50 g eingeweichte Rosinen
50 g Pinienkerne
1 Briefchen Safran (3–4 Fäden)
Salz

Die Blumenkohlröschen herausschneiden, sorgfältig waschen und in reichlich Salzwasser einige Minuten bissfest kochen. Anschließend mit einem Schaumlöffel herausnehmen und das Kochwasser beiseitestellen.
Das Olivenöl erhitzen und die Zwiebeln und den Knoblauch glasig anschwitzen. Anschließend die gut abgespülten Sardellenfilets, die abgetropften Rosinen, die Pinienkerne, den Safran und den Blumenkohl hinzufügen und abgedeckt bei kleiner Hitze mit einer halben Tasse Wasser köcheln lassen, bis der Blumenkohl weich ist.
In der Zwischenzeit die Bucatini im Blumenkohlwasser al dente kochen, in den Topf mit der Blumenkohlmasse geben und alles gut vermischen (auf Sizilianisch *arriminate*).
Sofort servieren.

PESTO ALLA TRAPANESE
SPAGHETTI MIT MANDEL-BASILIKUM-PESTO

Für 4 Personen
400 g Spaghetti (oder Mafaldine)
4 Knoblauchzehen (am besten aus Nubia)
1 Bund Basilikum, gewaschen und trocken geschüttelt, die Blätter von den Stängeln gezupft
½ TL grobes Salz
3 EL Mandeln
120 ml Olivenöl extravergine
4 mittelgroße, vollreife Tomaten
feines Salz

Die Knoblauchzehen und die Basilikumblätter in einem Holzmörser mit dem groben Salz zerstoßen, bis eine cremige Masse entsteht. Die Mandeln hinzugeben und einarbeiten, nach und nach das Öl dazugießen und das Ganze zu einer sämigen Paste verarbeiten. Die Tomaten blanchieren. Anschließend die Haut abziehen und entkernen. Zu der Basilikum-Mandel-Creme geben. Mit Salz und (nach Belieben) noch etwas Öl würzen und dann unter die fertige Pasta rühren.

PASTA CON LA RICOTTA
PASTA MIT RICOTTA

Für 4 Personen
400 g kurze Nudeln (zum Beispiel Sedanini)
250 g frischer Ricotta vom Schaf
Salz, Pfeffer aus der Mühle

Die Pasta in reichlich Salzwasser al dente kochen und abgießen, dabei eine Tasse Kochwasser auffangen und beiseitestellen. Den Ricotta damit verrühren, zu den Nudeln geben und gut vermischen. Mit reichlich Pfeffer bestreuen.

Dieses Rezept steht und fällt mit der Qualität des Ricotta. Wenn Sie keinen frischen Ricotta zur Hand haben, sollten Sie lieber etwas anderes kochen ...

MACCARRUNA CON IL FILO AL SUGO VEGETALE DI VINO COTTO
MAKKARONI MIT TOMATENSUGO

Für 4 Personen

FÜR DIE PASTA

3 Handvoll Mehl pro Person (2 Hartweizenmehl, 1 Weichweizenmehl)
lauwarmes Wasser, mit einer Prise Salz
etwa 2 EL Olivenöl extravergine

FÜR DEN SUGO

2 helle Zwiebeln
2 Stangen Bleichsellerie
2 Karotten
2 Flaschen pürierte Tomaten (à etwa 700 g)
½ Glas *Vino cotto* (siehe Seite 164)
1 scharfer Peperoncino, entkernt und fein gehackt
1 Msp. Zucker
Salz
Olivenöl extravergine

Für die Pasta das Mehl auf eine Arbeitsplatte häufen, eine Vertiefung in die Mitte drücken, nach und nach das leicht gesalzene Wasser hinzugeben und zu einem Teig verkneten. Sobald die Mischung etwas fester zu werden beginnt, 1 EL Olivenöl hinzufügen und etwa 20 Minuten weiterkneten, bis der Teig glatt und elastisch ist.
Den Teig in kleine Portionen teilen und anschließend in etwa fingerdicke Stangen rollen. In 8–10 cm lange Stücke schneiden, eine Stricknadel vorsichtig von oben hineindrücken und behutsam weiterrollen. Wenn die Nadel am anderen Ende wieder herauskommt, ganz vorsichtig herausziehen.
Die Röhrennudeln auf mehreren Küchentüchern einige Stunden trocknen lassen und dann in reichlich Salzwasser mit einigen Tropfen Olivenöl kochen.

Für den Sugo alle Gemüse in der Küchenmaschine zerkleinern und mit etwas Wasser glasig kochen, dann 3 EL Olivenöl hinzufügen und anbräunen.
Anschließend das Tomatenpüree, Zucker und Salz sowie Peperoncino dazugeben und bei mittlerer Hitze um etwa ein Drittel reduzieren. Dann den *Vino cotto* angießen und weitere 20 Minuten köcheln lassen.

Maccarruni sind in ganz Sizilien verbreitet. Die röhrenförmigen Nudeln werden normalerweise nur aus Hartweizenmehl und Wasser hergestellt, es gibt aber auch Varianten mit Ei. Unser Rezept stammt von Nonna Pina. Ihre Art, Pasta zuzubereiten, ist schwer in Worte zu fassen. Besser ist es, direkt neben ihr am marmornen Arbeitstisch zu stehen und ihr über die Schulter zu schauen.
Der *Vino cotto* ist ein gekochter Most mit Zucker und Reisigasche, der diesem Gericht einen unverwechselbaren Geschmack verleiht. Alternativ eignet sich auch ein Glas kräftiger Rotwein mit 1 EL Zucker.

SPAGHETTI CON I RICCI
SPAGHETTI MIT SEEIGELFLEISCH

Für 4 Personen
400 g Spaghetti
1 Knoblauchzehe
2 EL Olivenöl extravergine
Fleisch von 50–60 Seeigeln
1 Bund Petersilie, fein gehackt
Salz, Pfeffer aus der Mühle

Die Spaghetti in reichlich Salzwasser al dente kochen und abgießen, dabei eine halbe Tasse Kochwasser auffangen und beiseitestellen.
In der Zwischenzeit das Olivenöl in einer Pfanne erhitzen und den Knoblauch glasig anschwitzen. Anschließend den Knoblauch aus der Pfanne nehmen und beiseitestellen.
Das Seeigelfleisch in das Knoblauchöl geben. Die Spaghetti und etwas Kochwasser hinzufügen, mit Pfeffer würzen und alles gut miteinander vermengen. Mit der Petersilie bestreuen und sofort servieren.

Für dieses Rezept brauchen Sie nicht nur frische Seeigel, sondern auch ein gutes Auge, sehr viel Geduld und eine scharfe Schere, wenn Sie die Seeigel ausnehmen.

SPAGHETTI CON LA BOTTARGA
SPAGHETTI MIT THUNFISCHROGEN

Für 4 Personen
400 g Spaghetti
8 EL Olivenöl extravergine
1 Knoblauchzehe, abgezogen
4 EL getrocknete Bottarga (Thunfischrogen)
1 EL Petersilie, fein gehackt, Salz

Das Olivenöl in einer Pfanne erhitzen und die Knoblauchzehe goldgelb anschwitzen, beiseitestellen. Die Spaghetti in reichlich Salzwasser al dente kochen und abgießen, dabei ½ Glas Kochwasser auffangen und beiseitestellen. Die Pasta in die Pfanne geben, mit dem Knoblauchöl mischen, den Thunfischrogen dazugeben und alles bei starker Hitze gut durchmischen, dabei etwas Kochwasser zugeben, falls erforderlich. Vor dem Servieren die Knoblauchzehe entfernen und die Pasta mit der Petersilie bestreuen.

PASTA CON LE SARDE
BUCATINI MIT SARDINEN UND FENCHEL

Für 4 Personen
400 g Bucatini
400 g Sardinen
500 g wilder Fenchel, klein geschnitten
1 Zwiebel, fein gehackt
3 gesalzene Sardellenfilets
3 EL Olivenöl extravergine
50 g eingeweichte Rosinen
50 g Pinienkerne
1 Päckchen Safranpulver oder einige Safranfäden
Semmelbrösel, geröstet

Die Sardinen ausnehmen, den Kopf und die Mittelgräte entfernen. Unter laufendem Wasser waschen und beiseitestellen.
Den Fenchel in reichlich Salzwasser blanchieren, mit einem Schaumlöffel herausnehmen und in einer Salatschleuder trocknen.
Das Kochwasser beiseitestellen.
Die Sardellen sorgfältig waschen. Das Olivenöl erhitzen und die Zwiebeln glasig anschwitzen. Die Sardellen hinzufügen und unter Rühren auflösen. Die Rosinen und Pinienkerne sowie den Fenchel dazugeben. Den Safran in 1 Glas Fenchelkochwasser auflösen, zusammen mit den Sardinen zu den restlichen Zutaten geben und zugedeckt köcheln lassen.
In der Zwischenzeit die Pasta im Fenchelkochwasser al dente kochen und abgießen. Mit dem Fenchelsugo vermischen. Vor dem Servieren mit den Semmelbröseln bestreuen.

VARIATIONEN

Wie bei vielen anderen traditionellen Gerichten auch gibt es überall in Sizilien zahlreiche Variationen dieser Pasta. Zum Beispiel eine »rote« Version mit Tomatenmark, eine mit frittierten Sardinen als Beilage, eine mit sehr vielen, eine andere gänzlich ohne Semmelbrösel – und viele mehr. Allen gemeinsam sind jedoch frische Zutaten und die unverwechselbare Geschmackskombination aus Rosinen, Safran und wildem Fenchel.

PASTA 'NCASCIATA
AUFLAUF MIT PASTA, AUBERGINEN UND KÄSE

Für 5–6 Personen
500 g glatte Maccheroni
2 runde hellviolette Auberginen
Erdnussöl zum Frittieren
200 g Caciocavallo (oder ähnlicher Hartkäse)
80 g Salami, hauchdünn geschnitten
3 gekochte Eier, in Scheiben geschnitten

FÜR DEN SUGO
2 EL Olivenöl extravergine
1 Zwiebel, fein gehackt
2 Lorbeerblätter
300 g gemischtes Hackfleisch (Rind und Schwein)
750 g Tomatenpüree
1 TL Zucker, Salz

AUSSERDEM: Semmelbrösel

Zuerst den Sugo zubereiten: Das Olivenöl erhitzen und die Zwiebeln mit den Lorbeerblättern glasig anschwitzen. Das Hackfleisch hinzufügen, mit der Gabel auflockern und anbraten. Anschließend das Tomatenpüree dazugeben und das Ganze bei kleiner Hitze etwa 1 Stunde köcheln lassen. Gegebenenfalls noch etwas warmes Wasser dazugießen, falls das Fleisch ansetzen sollte. Danach mit Zucker und Salz würzen.
In der Zwischenzeit die Auberginen längs in Scheiben schneiden, aufeinanderschichten, dabei jede Schicht mit grobem Salz bestreuen und in ein Nudelsieb legen. Mit einem Gewicht beschweren und etwa 1 Stunde stehen lassen, damit die Auberginen ihren bitteren Geschmack verlieren. Die Auberginenscheiben anschließend waschen und mit einem Küchentuch sorgfältig trocken tupfen. Danach in reichlich Erdnussöl frittieren, auf Küchenpapier abtropfen lassen und beiseitestellen.
Die Pasta in reichlich Salzwasser al dente kochen und abgießen. Mit dem Sugo vermengen.

Den Backofen auf 200 °C vorheizen. Eine tiefe Backform mit Öl einstreichen und den Boden mit Semmelbröseln bedecken. Eine Schicht Pasta darauf verteilen, danach mit Käse, Salami, Ei und Auberginen belegen. Mit einer zweiten Schicht Pasta bedecken und fortfahren, bis alle Zutaten verbraucht sind. Mit einer Schicht aus Auberginen und Käse enden. Im heißen Ofen etwa 20 Minuten backen.

Diese Pasta wird gerne an *Ferragosto* (15. August), dem höchsten sizilianischen Feiertag serviert. Die Backformen, in denen der Auflauf gebacken worden ist, werden, eingehüllt in große Tücher, auf eine Wiese oder an den Strand transportiert. Dort findet das Festmahl statt.

TIMBALLO DI RISO
REISTIMBALE

Für 6 Personen
2 lila Auberginen
grobes Salz
Erdnussöl zum Frittieren
4 EL Olivenöl extravergine
1 Zwiebel, fein gehackt
einige Basilikumblätter
1 kg Tomatenpüree
600 g Reis
200 g Pecorino oder Caciocavallo, frisch gerieben
Salz
Semmelbrösel
250 g Tuma oder anderer frischer Pecorino, in kleine Würfel geschnitten
100 g Salami, in kleine Würfel geschnitten

Die Auberginen schälen, würfeln und mit grobem Salz bedecken. In ein Sieb geben und mit einem Gewicht (z. B. einem mit Wasser gefüllten Topf) beschweren und etwa 30 Minuten stehen lassen, damit die Auberginen ihren bitteren Geschmack verlieren. Anschließend waschen, mit einem Küchentuch sorgfältig trocken tupfen, in Erdnussöl frittieren und beiseitestellen.
Das Olivenöl erhitzen und die Zwiebeln glasig anschwitzen. Die Basilikumblätter und das Tomatenpüree hinzufügen und einkochen lassen.
In der Zwischenzeit den Reis bissfest kochen und zum Tomatensugo geben. 100 g Pecorino hinzufügen, salzen und das Ganze gut vermischen.
Den Backofen auf 180 °C vorheizen. Eine runde Backform (20 cm Ø) einfetten und den Boden mit Semmelbröseln bestreuen. Anschließend die Hälfte der Reismasse hineingeben, die Oberfläche mit einem Löffel glatt streichen und mit Tuma, Salami und den Auberginenwürfeln belegen. Den restlichen Reis darauf verteilen, glatt streichen und mit dem restlichen geriebenen Pecorino bestreuen.
Im heißen Ofen 20–30 Minuten backen.

TIMBALLO DI MACCHERONI
PASTATIMBALE

Für 6–8 Personen
FÜR DEN MÜRBETEIG
300 g Mehl
125 g Butter
125 g Zucker
1 Ei, 2 Eigelb
1 kleines Glas Marsala
1 Prise Salz

FÜR DIE FÜLLUNG
300 g Béchamelsauce
1 EL Butter
300 g Hühnerleber, klein geschnitten
2 Lorbeerblätter
100 g getrocknete Pilze
1 kleines Glas Marsala
150 g Schinken, in Streifen geschnitten
100 g Salsiccia (pikant gewürzte Wurst), in Würfel geschnitten, sowie 150 g Caciocavallo (oder ähnlicher Hartkäse), in Würfel geschnitten
200 g gekochte Erbsen
600 g große Maccheroni
200 g Tomatensugo
Salz, Pfeffer aus der Mühle

AUSSERDEM: 1 verquirltes Ei zum Bestreichen

Den Mürbeteig zubereiten. Zu einer Kugel formen und zugedeckt im Kühlschrank ruhen lassen. Die Béchamelsauce zubereiten.
Den Backofen auf 180 °C vorheizen. Die Butter zerlassen und die Hühnerleber anbräunen.
Die Lorbeerblätter und die eingeweichten Pilze dazugeben, Marsala darübergießen und einige Minuten köcheln lassen. In einer großen Schüssel jeweils Schinken, Wurst, Käse und Erbsen mischen. Anschließend die abgekühlte Leber untermischen.
Drei Viertel des Mürbeteigs etwa 1 cm dick kreisrund ausrollen. Boden und Rand einer Springform (25 cm Ø) damit auskleiden.
Die Maccheroni al dente kochen. In die Schüssel mit der Füllung geben, den Tomatensugo und die Béchamelsauce hinzufügen und alles gut vermischen. Die Masse in die Springform geben. Anschließend mit einem zweiten Mürbeteigboden bedecken und die Ränder gut festdrücken. Die Oberfläche mit dem Ei bestreichen und etwa 1 Stunde backen.

IL TIMBALLO PALERMITANO DI ILDAZZA
TIMBALE ALLA ILDAZZA

Für 8–10 Personen
3 EL Olivenöl extravergine
1 Zwiebel, fein gehackt
1 Knoblauchzehe, fein gehackt
einige Lorbeerblätter
1 kg in Wein marinierter Rinderbraten
0,7 l Tomatensugo
1 EL Tomatenmark (gerne auch 1 TL mehr, je nach Konsistenz der Sauce)
6–8 Auberginen
grobes Salz
Erdnussöl zum Frittieren
1 kg Anellini
3 etwa fingerdicke Scheiben frischer Caciocavallo, in Würfel geschnitten
125 g reifer Caciocavallo, gerieben
9–10 feine Scheiben Mortadella
12–15 Scheiben Salami (mit schwarzen Pfefferkörnern)
Salz, schwarzer Pfeffer aus der Mühle

AUSSERDEM: Semmelbrösel

Das Olivenöl in einem großen Topf erhitzen und Zwiebeln, Knoblauch und die Lorbeerblätter anschwitzen. Dann das Fleisch zugeben und rundum gut darin anbraten. Das Tomatensugo und das Tomatenmark hinzufügen und bei kleiner Hitze mindestens 2 Stunden köcheln lassen.
In der Zwischenzeit die Auberginen zubereiten. Die Früchte schälen, längs in etwa 1 cm dicke Scheiben schneiden, aufeinanderschichten und mit dem groben Salz bestreuen. In ein Sieb geben, zudecken und mit einem Gewicht beschweren, damit die Auberginen ihren bitteren Geschmack verlieren. Danach das Salz sorgfältig abwaschen, die Auberginen mit einem Küchentuch trocken tupfen und in sehr heißem Erdnussöl frittieren. Anschließend auf Küchenpapier abtropfen lassen und beiseitestellen.
Den Braten mit dem Wiegemesser klein schneiden und nochmals 10 Minuten in der Sauce köcheln lassen, falls erforderlich, etwas Wasser hinzufügen.
Eine Springform einfetten, mit Semmelbröseln bestreuen und mit den Auberginenscheiben auslegen. Auch der Rand der Form sollte bedeckt sein.
Die Pasta in reichlich Salzwasser al dente kochen und abgießen. In den Topf mit dem Fleischsugo geben und gut miteinander vermischen.
Den Backofen auf 200 °C vorheizen. Eine erste Schicht Pasta-Fleisch-Mischung in die Form geben und dann abwechselnd Caciocavallo-Scheiben, Mortadella und Salami übereinanderschichten, dabei jede Schicht mit geriebenem Caciocavallo bestreuen. Mit einer Pasta-Fleisch-Schicht enden und die restlichen Auberginen darüberlegen.
Im heißen Ofen etwa 20–30 Minuten backen. Abkühlen lassen, aus der Form nehmen und servieren.

Dieses großartige Rezept aus Palermo stammt von Ilde (genannt Ildazza, weil sie so gutmütig und geduldig ist wie keine andere). Weitergegeben wurde es von Micaela, die dieses Rezept in Perfektion beherrscht und das Verwenden von Eiern (egal, ob roh oder gekocht) in einer Timbale rigoros ablehnt. »In Palermo gibt's so was nicht, das machen nur die im Osten …«, sagt sie.

MINESTRA DI CUCUZZA LUNGA
ZUCCHINI-TOMATEN-SUPPE

Für 4 Personen
3 vollreife Tomaten
4 EL Olivenöl extravergine
2 Zwiebeln, fein gehackt
4 kleine rohe Kartoffeln, geschält
und in kleine Würfel geschnitten
Cucuzza lunga (siehe Seite 176)
100 g Pecorino mit Pfeffer,
in Würfel geschnitten
Salz, Pfeffer aus der Mühle

Zuerst die Tomaten blanchieren. Die Haut abziehen und entkernen. In kleine Würfel schneiden. Das Olivenöl erhitzen und die Zwiebeln glasig anschwitzen. Anschließend Tomaten und Kartoffeln hinzufügen. Einige Minuten köcheln lassen. Sodann die Zucchini dazugeben. 1 Glas Wasser angießen (nach Belieben auch 1 Glas Brühe) und bei kleiner Hitze etwa 30–40 Minuten köcheln lassen. Danach den Pecorino hinzufügen, mit Salz und Pfeffer würzen und einkochen lassen.

Die Suppe kann heiß und kalt gegessen werden, je nach Geschmack und Jahreszeit.

MINESTRA DI TINNIRUME
GEMÜSESUPPE MIT KÜRBISRANKEN

Für 4 Personen
1 kg Tinnirume (Blüten und Blattspitzen
des sizilianischen Kürbisses) oder die zarten
Sprossen der *Cucuzza lunga*
3 Tomaten
4 EL Olivenöl extravergine
1 Zwiebel, fein gehackt
250 g Spaghetti, in kleine Stücke gebrochen
Salz, Pfeffer aus der Mühle

Die *Tinnirume* putzen, die dicken Nerven der Blätter entfernen, sorgfältig waschen und in 1 ½ Liter leicht gesalzenem Wasser kochen. Nach der Hälfte der Kochzeit das Gemüse mit einem Schöpflöffel herausnehmen und das Kochwasser beiseitestellen.
Die Tomaten blanchieren. Die Haut abziehen und entkernen. In kleine Würfel schneiden. Das Olivenöl erhitzen und die Zwiebeln glasig anschwitzen. Die Tomaten hinzugeben und mit so viel Kochwasser von den *Tinnirume* aufgießen, dass alles vollständig bedeckt ist. Bei mittlerer Hitze etwa 20 Minuten köcheln lassen.
Das restliche Kochwasser dazugeben, aufkochen lassen, die Spaghetti hinzufügen und noch etwa 5–10 Minuten kochen lassen. Salzen und mit reichlich Pfeffer bestreut servieren.

MACCO VERDE DI FAVE
SAUBOHNEN-FENCHEL-PÜREE

Für 4 Personen
1 großes Bund wilder Fenchel
4 EL Olivenöl extravergine
3 Frühlingszwiebeln, fein gehackt
500 g frische Saubohnen, enthülst
(etwa 2 kg Bohnen)
Salz

Den Fenchel putzen, die zarten Spitzen beiseitestellen. Die Stängel in kochendem Salzwasser blanchieren, abgießen und das Kochwasser beiseitestellen.
Das Olivenöl erhitzen und die Frühlingszwiebeln glasig anschwitzen. Die Bohnen und den Fenchel dazugeben und mit so viel Kochwasser aufgießen, dass das Gemüse vollständig bedeckt ist. So lange kochen, bis die Bohnen weich sind und die Haut »abblättert«. Mit der Gabel die Bohnen zu Brei zerdrücken (der sogenannte *Macco*). Vor dem Servieren mit Olivenöl beträufeln und mit etwas Fenchelgrün garnieren.

Auch dieses Gericht gibt es in unzähligen Variationen. Meistens werden getrocknete Bohnen verwendet. Aber frische Bohnen verleihen dem Gericht einen ganz besonderen Geschmack. Oft wird der *Macco* auch mit zerkleinerter Pasta gegessen. Bei der Variante mit getrockneten Bohnen kann man aus den Resten Frittelle zubereiten.

MINESTRA DI LENTICCHIE DI LINOSA
LINSENSUPPE

Für 5 Personen
5 EL Olivenöl extravergine
1 große Zwiebel, fein gehackt
2 Karotten, fein gehackt
1 Stange Bleichsellerie, klein geschnitten
1 Peperoncino, entkernt und fein gehackt
500 g Linsen aus Linosa
(alternativ Tellerlinsen)
Salz

2 EL Olivenöl erhitzen und die Zwiebeln, Karotten und den Sellerie zusammen mit dem Peperoncino anschwitzen. Dann die gewaschenen und gut abgetropften Linsen hinzufügen und so viel Wasser zugießen, bis das Gemüse vollständig bedeckt ist. Salzen und bei kleiner Hitze köcheln lassen, bis die Linsen weich sind. Wenn nötig, noch etwas Wasser hinzufügen. Die Suppe sollte nicht zu dickflüssig sein. Mit einem Spritzer Olivenöl servieren.

Die Linsen aus Linosa sind klein, rot und äußerst geschmacksintensiv – aber auch sehr schwer zu finden. Hier hilft eine Reise auf die winzige Insel Linosa südlich von Sizilien, die sich ihren Charme und ihre Ursprünglichkeit bewahrt hat.

PANE COTTO
BROTSUPPE

Für 4–5 Personen
400 g vollreife Tomaten
(oder geschälte Tomaten aus der Dose)
4 EL Olivenöl extravergine
1 große Zwiebel
einige Lorbeerblätter
1 ½ l Wasser
500 g altbackenes Bauernbrot,
in Würfel geschnitten
Salz, Pfeffer aus der Mühle
Pecorino, frisch gerieben (nach Belieben)

Die Tomaten blanchieren. Die Haut abziehen und entkernen. In kleine Würfel schneiden. Das Olivenöl in einer hochwandigen, großen Pfanne erhitzen und die Zwiebeln sowie die Lorbeerblätter anschwitzen. Die Tomaten hinzufügen, etwa 1 ½ Liter Wasser zugießen und aufkochen lassen. Die Brotwürfel zur Brühe geben, gut verrühren und so lange bei kleiner Hitze köcheln lassen, bis sich ein homogener Brei gebildet hat. Anschließend salzen, die *Pane cotto* in tiefe Teller füllen. Vor dem Servieren mit reichlich Pfeffer übermahlen und mit Olivenöl beträufeln. Nach Belieben mit Pecorino bestreuen.

Dieses Rezept ist ein »Arme-Leute-Essen«: Es ist preiswert und füllt den Magen. Trockenes Brot wird verwertet und nicht einfach weggeschmissen. Es ist eines von Giacomos Lieblingsgerichten, der es fantasievoll variiert und gerne mit einer Frittata vergleicht. Für diese Suppe kann man neben altbackenem Brot alles verwenden, was noch im Haus ist: Peperoncini, Kapern, Speck, Käse …

CUCCIA A MINESTRA
SALZIGER WEIZENBREI

Für 4–5 Personen
500 g Weizen
1 ½ l Wasser
5 EL Olivenöl extravergine
2 Knoblauchzehen, fein gehackt
Salz, Pfeffer aus der Mühle

Den Weizen waschen, in eine Schüssel geben und so viel Wasser dazugießen, bis die Körner vollständig bedeckt sind. Drei Tage einweichen, dabei das Wasser zweimal täglich wechseln. Am dritten Tag das Wasser abgießen und den Weizen in Salzwasser bei schwacher Hitze weich kochen. Mit Olivenöl, Pfeffer und Knoblauch würzen.

Traditionell wird dieses Gericht beim Patronatsfest der heiligen Lucia (13. Dezember) gegessen. Die Verehrung der Santa Lucia ist in ganz Sizilien verbreitet, besonders aber in Palermo und Syrakus. Dieses Rezept ist sehr alt, und man kann es auf vielfache Weise abwandeln, zum Beispiel mit Gemüse oder Hülsenfrüchten. Beliebter als diese schlichte salzige Variante ist die süße Cuccia mit Ricotta, kandierten Früchten und Schokolade (siehe Seite 138).

CAR

Carni

Fleisch

CONIGLIO ALLA CACCIATORA
KANINCHEN NACH JÄGERART

Für 6 Personen
2 vollreife Tomaten (oder 300 g geschälte Tomaten aus der Dose)
2 Stangen Bleichsellerie
1 gehäufter EL Kapern, gesalzen
1 Tasse grüne Oliven (etwa 200 g)
4 EL Olivenöl extravergine
1 küchenfertiges Kaninchen, in mittelgroße Stücke geschnitten
½ Glas Weißweinessig
2 TL Zucker
Salz, Pfeffer aus der Mühle (nach Belieben)
1 Knoblauchzehe, abgezogen (nach Belieben)

Die Tomaten blanchieren. Die Haut abziehen und entkernen. In kleine Würfel schneiden. Den Sellerie (mit Blättern) in kleine Stücke schneiden und in wenig Salzwasser einige Minuten kochen, abgießen und beiseitestellen. Die Kapern gut abtropfen lassen und die Oliven entkernen.
Das Olivenöl In einer großen Pfanne mit dickem Boden erhitzen und das Kaninchenfleisch anbraten. Wenn das Fleisch gut gebräunt ist, Sellerie, Oliven, Kapern und die Tomaten hinzufügen. Den Essig mit dem Zucker verrühren und dazugeben. Sobald der Essig verkocht ist, 1 Glas lauwarmes Wasser zugießen und zugedeckt bei kleiner Hitze etwa 1–1 ½ Stunden köcheln lassen, bis das Fleisch zart ist. Gegen Ende der Kochzeit salzen, je nach Belieben frisch gemahlenen Pfeffer und die Knoblauchzehe dazugeben, diese aber vor dem Servieren entfernen.

CONIGLIO ALL'AGRODOLCE
KANINCHEN SÜSSSAUER

Für 4 Personen
2 vollreife Tomaten (oder 300 g geschälte Tomaten aus der Dose)
4 EL Olivenöl extravergine
1 küchenfertiges Kaninchen, in 8 Stücke geschnitten
Salz, Saft von 3 Zitronen
1 ½ EL Zucker

Die Tomaten blanchieren. Die Haut abziehen, entkernen und mit einer Gabel zerdrücken. In eine große Pfanne mit dickem Boden geben und einkochen lassen. Sobald das Fruchtwasser verkocht ist, das Öl hinzufügen und das Kaninchenfleisch darin goldbraun anbraten. Mit 2 Gläsern lauwarmem Wasser übergießen, salzen und zugedeckt bei kleiner Hitze etwa 40 Minuten köcheln lassen. Danach den mit dem Zucker verrührten Zitronensaft dazugeben und weitere 15 Minuten köcheln lassen.

POLLO ALL' AGRODOLCE
HÜHNCHEN SÜSSSAUER

Für 4 Personen
2 vollreife Tomaten (oder 300 g geschälte Tomaten aus der Dose)
4 EL Olivenöl extravergine
1 küchenfertiges Huhn (etwa 1 ½ kg), in mittelgroße Stücke geschnitten
Salz, Saft von 2 Zitronen
1 EL Zucker

Die Tomaten blanchieren. Die Haut abziehen, entkernen und mit einer Gabel zerdrücken.
In eine große Pfanne mit dickem Boden geben und einkochen lassen. Sobald das Fruchtwasser verkocht ist, das Öl hinzufügen und das Hühnerfleisch goldbraun anbraten. Mit zwei Gläsern lauwarmem Wasser übergießen, salzen würzen und zugedeckt bei schwacher Hitze etwa 40 Minuten köcheln lassen. Danach den mit dem Zucker verrührten Zitronensaft dazugeben und weitere 15 Minuten köcheln lassen.

SALSICCIA AL LIMONE
SALSICCIA AUF ZITRONENBLÄTTERN

Für 5 Personen
etwa 10 Zitronenblätter
Saft von 2 Zitronen
1 EL Zucker
1 kg Salsiccia (pikant gewürzte Wurst), im Darm
2 EL Olivenöl extravergine

Die Zitronenblätter sorgfältig waschen, den Zitronensaft mit dem Zucker mischen.
Die Wurst mit der Gabel einstechen.
Das Olivenöl in einer großen Pfanne mit dickem Boden erhitzen und die Wurst anbraten. Sobald es zu brutzeln beginnt, den gezuckerten Zitronensaft und 1 Glas Wasser hinzugeben, mit den Zitronenblättern bedecken und zugedeckt bei schwacher Hitze etwa 10 Minuten köcheln lassen. Dann die Wurst umdrehen und weitere 5–10 Minuten köcheln lassen. Falls erforderlich, etwas Wasser hinzufügen.

CARNE SULLE FOGLIE DI LIMONE
FRIKADELLEN AUF ZITRONENBLÄTTERN

Für 4 Personen
etwa 20 mittelgroße Zitronenblätter
600 g sehr mageres Rinderhack (wie für Tatar)
einige frische Tomaten
1 Knoblauchzehe, fein gehackt
abgeriebene Schale von 1 unbehandelten Zitrone
Salz
5 EL Olivenöl extravergine

Die Zitronenblätter sorgfältig waschen, dabei erst in kaltem Wasser einweichen, dann abbrausen und trocken tupfen. Die Tomaten blanchieren. Die Haut abziehen und entkernen. In kleine Würfel schneiden. Das Hackfleisch und die Tomaten mit den Händen gründlich kneten. Knoblauch, Zitronenabrieb, Salz und Olivenöl dazugeben und alles gut miteinander vermengen.
Mit den Händen längliche Frikadellen formen, flach drücken, jede auf ein Zitronenblatt legen und mit einem zweiten Zitronenblatt abdecken. Kurz im Backofen grillen oder auf den Grill legen.

Es lohnt sich, nach frischen Zitronenblättern zu suchen – aber Vorsicht, sie müssen unbehandelt sein – und das Gericht nach diesem Rezept zuzubereiten. Auch wenn es unglaublich klingt: Die Blätter des Zitronenbaums verbreiten ein so betörendes Aroma, dass man sie am liebsten mitessen möchte!

INVOLTINI ALLA MESSINESE DI ZIA GRAZIELLA
ROULADEN ALLA TANTE GRAZIELLA

Für 4 Personen
400 g Schweine- oder Kalbslende, in feine Scheiben geschnitten
150 g milder Pecorino oder milder Provolone, in Würfel geschnitten
1 weiße Zwiebel oder 2 zarte Frühlingszwiebeln, fein gehackt
Lorbeerblätter
zerlassene Butter (nach Belieben)
50 g Parmigiano Reggiano oder Pecorino, frisch gerieben
200 g Semmelbrösel
Salz, Pfeffer aus der Mühle

Das Fleisch um einen Käsewürfel und 2–3 Zwiebelstückchen wickeln (die Roulade sollte nicht länger als ein Finger sein). Die Rouladen auf einen Spieß stecken, dazwischen jeweils ein Lorbeerblatt oder auch einige Zwiebelstücke aufspießen. Die Spieße durch die zerlassene Butter ziehen und dann in den zuvor mit dem Parmigiano Reggiano gemischten Semmelbröseln wälzen. Mit Salz und Pfeffer würzen und kurz im Backofen grillen oder auf den Grill legen.

INVOLTINI CON I CIPOLLOTTI
ROULADEN MIT ZWIEBELN UND SPECK

Für 4 Personen
8–10 Scheiben Speck
8–10 Frühlingszwiebeln
Pfeffer aus der Mühle

Den Speck spiralenförmig um die Frühlingszwiebeln wickeln. Einige Minuten auf dem heißen Grill garen, mit reichlich Pfeffer bestreuen und sofort servieren.

COTOLETTA ALLA PALERMITANA
RINDERSTEAK ALLA PALERMITANA

Für 4 Personen
2 EL Petersilie, fein gehackt
1 Knoblauchzehe, fein gehackt
50 g Pecorino, frisch gerieben
100 g Semmelbrösel
Olivenöl extravergine
500 g Rindfleisch, in Scheiben geschnitten
Pfeffer aus der Mühle (nach Belieben)

Die Petersilie und den Knoblauch mit dem Pecorino und den Semmelbröseln in einem flachen Teller mischen. In einen zweiten Teller reichlich Olivenöl gießen, sodass der Boden gut bedeckt ist. Jede Scheibe Fleisch auf beiden Seiten erst durch das Öl ziehen, dann in der Semmelbröselmischung wälzen und einige Minuten auf dem Grill garen oder im Backofen grillen. Durch den Pecorino ist das Fleisch bereits ausreichend gesalzen, je nach Geschmack kann man es vor dem Servieren mit Pfeffer bestreuen.

FALSO MAGRO
GEFÜLLTER RINDERROLLBRATEN

Für 6–8 Personen
150 g Rinderhackfleisch
600 g Rindfleisch am Stück
(vom Metzger breit geklopft)
4 EL Semmelbrösel
2 EL Pecorino, frisch gerieben
2 EL Olivenöl zum Anbraten

FÜR DIE FÜLLUNG
200 g Mortadella am Stück,
in 1 cm breite Streifen geschnitten
200 g Caciocavallo (oder ähnlicher Hartkäse),
in 1 cm breite Streifen geschnitten
4 gekochte Eier, in Scheiben geschnitten
100 g Speck, in dicken Scheiben,
in 1 cm breite Streifen geschnitten

FÜR DEN SUGO
2 EL Olivenöl extravergine
2 Zwiebeln, fein gehackt
2 Karotten, in kleine Würfel geschnitten
1 Stange Bleichsellerie, klein geschnitten
400 g Tomatenpüree
½ Glas kräftiger Rotwein
1 EL Zucker

Hackfleisch, Semmelbrösel und Pecorino gut vermischen und auf dem Rindfleisch verteilen. Die Zutaten für die Füllung darübergeben. Das Fleisch zum Rollbraten rollen und mit Küchengarn umwickeln. Das Olivenöl in einem großen, tiefen Bräter erhitzen und den Braten rundum anbraten. Aus der Pfanne nehmen und beiseitestellen. Die Zwiebeln in demselben Bräter mit einem ½ Glas Wasser glasig anschwitzen.
2 EL Öl, Karotten und Sellerie sowie den Braten in die Pfanne geben. Das Tomatenpüree mit dem Wein und dem Zucker mischen und hinzufügen, dann bei starker Hitze aufkochen lassen. 1 Glas Wasser dazugießen und zugedeckt etwa 40 Minuten köcheln lassen. Vom Herd nehmen und mehrere Stunden ruhen lassen.

Die auf der rechten Seite rechts unten abgebildeten Salsicce in Tomatensugo werden in dem gleichen Sugo wie die Polpette serviert. Für 4 Personen rechnet man normalerweise 8 Salsicce. Bevor man die Salsicce in Olivenöl brät, sollte man die Haut mehrmals einstechen.

TRIPPA AL SUGO
KUTTELN IN TOMATENSUGO

Für 4 Personen
1 kg küchenfertige Kutteln, klein geschnitten
4 Tomaten, die Haut abgezogen,
entkernt und grob gehackt
2 Zwiebeln, 1 Karotte, jeweils grob gehackt
1 Stange Bleichsellerie, grob gehackt
Salz, 3 EL Olivenöl extravergine
2 Eier, verquirlt
2 EL nicht zu reifer Pecorino, frisch gerieben
2 EL Petersilie, fein gehackt

Die Kutteln in lauwarmem Wasser einweichen, anschließend in eine zwei Fingerhoch mit Wasser gefüllte Pfanne geben. Tomaten, Zwiebeln, Karotten und Sellerie hinzufügen, salzen und 2 Stunden köcheln lassen. Die restlichen Tomaten zerdrücken und in einer großen Pfanne so lange schmoren, bis alle Flüssigkeit verkocht ist. Anschließend das Olivenöl dazugeben und die zuvor abgetropften Kutteln darin anbraten. Dann die Eier mit dem Käse vermischen und über die Kutteln geben.
Die Petersilie darüberstreuen und nochmals 1 Minute unter ständigem Rühren garen.

POLPETTE AL SUGO
HACKFLEISCHBÄLLCHEN IN SUGO

Für 4 Personen
500 g mageres gemischtes Hackfleisch
3 Eier, 4 EL Pecorino, frisch gerieben
2 EL Semmelbrösel
Salz, Pfeffer aus der Mühle
Öl zum Frittieren

FÜR DEN SUGO
2 Zwiebeln, 2 Karotten, jeweils fein gehackt
1 Stange Bleichsellerie, klein geschnitten
3 EL Olivenöl extravergine
400 g Tomatenpüree
½ Glas *Vino cotto*, (siehe Seite 164), Salz

Das Hackfleisch mit Eiern, Käse und Semmelbröseln mischen und mit Salz und Pfeffer würzen. Mit angefeuchteten Händen walnussgroße Klöße formen und in reichlich Öl frittieren. Beiseitestellen. Den Sugo zubereiten wie den Sugo für die Kutteln.

CASTRATO ALLA BRACE
MARINIERTE HAMMELSTEAKS

Für 6 Personen
1,2 kg Hammelfleisch, in Scheiben geschnitten
Saft von 3 großen Zitronen
125 ml Olivenöl extravergine
einige Minzezweige, die Blätter von den Stängeln gezupft und fein gehackt
Salz, Pfeffer aus der Mühle

Zitronensaft, Olivenöl, Salz, Pfeffer und die Minze gut verquirlen. Die Fleischscheiben damit bestreichen oder, besser, mehrere Stunden marinieren. Dabei das Fleisch immer wieder umdrehen. Auf den Grill legen und bei mittlerer Hitze grillen.

SALSICCE SUL COPPO
SALSICCE AUF GLÜHENDEN ZIEGELN GEGRILLT

Für 6 Personen
12 Salsicce (pikant gewürzte Würste)

Coppi sind Terrakottaziegel. Sie werden sorgfältig gereinigt, abgebürstet und noch feucht ins Feuer gelegt. Sobald sie glühen, die Würste darauf verteilen. Wenn sie auf einer Seite schön braun sind, wenden. Sofort servieren.

CASTRATO
€ 3,00 Kg.

Pesce

Fisch und Meeresfrüchte

SARDE A BECCAFICO
GEFÜLLTE SARDINENRÖLLCHEN

Für 4 Personen
500 g Sardinen mittlerer Größe
100 g Semmelbrösel
Olivenöl extravergine
1 Knoblauchzehe, fein gehackt
2 EL Pinienkerne
2 EL Rosinen, in lauwarmem Wasser eingeweicht
Lorbeerblätter
Zitronensaft
Salz, Pfeffer aus der Mühle

Die Sardinen sorgfältig putzen, der Länge nach aufschneiden, die Mittelgräte und den Kopf entfernen und beiseitestellen.
Die Semmelbrösel in einer Pfanne mit dickem Boden rösten, dabei immer wieder mit einem Holzlöffel umrühren. Wenn die Brösel die dunkelbraune Farbe einer »Mönchskutte« (wie man in Sizilien sagt) angenommen haben, aus der Pfanne nehmen und mit etwas Öl, Knoblauch, den Pinienkernen und den Rosinen gründlich vermischen.
Danach jeweils 1 TL dieser Paste auf die Innenseite der Sardinen geben und zusammenrollen. Ein Backblech mit Öl einfetten und die Sardinenröllchen darauflegen – so eng, dass sie sich gegenseitig Halt geben und sich beim Garen nicht auflösen. Zwischen die Röllchen jeweils ein Lorbeerblatt stecken.
Den Backofen auf 180 °C vorheizen. Den Zitronensaft mit Salz, Pfeffer und Olivenöl zu einer Marinade verquirlen und über die Sardinen gießen. Das Backblech in den heißen Ofen schieben und die Röllchen 10–15 Minuten garen.

Die Sardinenröllchen schmecken herrlich, sie sind auch kalt ein Genuss!

STOCCU A' MISSINISI
STOCKFISCH MIT TOMATENSUGO

600 g eingeweichter Stockfisch,
in Stücke geschnitten
1 Stange Bleichsellerie
300 g Tomatenpüree
Olivenöl extravergine
400 g Kartoffeln, geschält
und in kleine Würfel geschnitten
1 EL Kapern, gesalzen
2 EL grüne Oliven
1 EL Pinienkerne
1 EL Rosinen
Salz, Pfeffer aus der Mühle

Den Sellerie samt Blättern klein schneiden und blanchieren, beiseitestellen.
Das Tomatenpüree mit etwas Olivenöl in einen Topf geben, die Kartoffeln, den Sellerie, die gewässerten und gut abgetropften Kapern, die Oliven, die Pinienkerne und die Rosinen hinzufügen. Anschließend mit so viel Wasser aufgießen, dass alles mit Flüssigkeit bedeckt ist. 10–15 Minuten köcheln lassen.
Anschließend den Stockfisch dazugeben und das Ganze bei kleiner Hitze köcheln lassen, gegebenenfalls etwas Wasser zugießen. Aber Vorsicht: Der Fisch und die Kartoffeln dürfen sich nicht zu sehr auflösen. Mit Salz und Pfeffer würzen und heiß oder warm servieren.

TUNNINA CA' CIPUDDATA
THUNFISCHSTEAKS MIT ZWIEBELSAUCE UND MINZE

Für 4 Personen
1 kg fangfrischer Thunfisch,
in etwa 1 cm dicke Scheiben geschnitten
4 Zwiebeln, in dicke Ringe geschnitten
½ Glas Essig
1 EL Zucker
5 EL Olivenöl extravergine
Minze nach Belieben
Salz

In einer großen Pfanne 3 EL Olivenöl erhitzen und den Thunfisch auf beiden Seiten kurz anbraten, dabei darauf achten, dass er nicht trocken wird. Anschließend leicht salzen.
Den Fisch aus der Pfanne nehmen und in eine feuerfeste Form geben. Das restliche Öl in die Pfanne gießen und die Zwiebelringe glasig anschwitzen. Den Essig mit dem Zucker verrühren, dazugießen und alles einige Minuten köcheln lassen. Die noch warme Zwiebelsauce über den Thunfisch geben, mit Minzeblättern bestreuen und abkühlen lassen. Kalt servieren.
Am nächsten Tag schmeckt das Gericht sogar noch besser!

COTOLETTE DI SPATOLA
FRITTIERTER LÖFFELSTÖR

Für 4 Personen
1 kg küchenfertiger Löffelstör,
in Scheiben von etwa 10 cm Ø geschnitten
2 Eier, verquirlt
100 g Semmelbrösel
40 g Pecorino, frisch gerieben
1 Knoblauchzehe, fein gehackt
2 EL Petersilie, fein gehackt
Salz
Erdnussöl zum Frittieren

Den Fisch waschen und gut trocken tupfen. Danach durch die verquirlten Eier ziehen und in einer Mischung aus den leicht gesalzenen Semmelbröseln, dem Pecorino, dem Knoblauch und der Petersilie wälzen.
In sehr heißem Erdnussöl frittieren, auf Küchenpapier abtropfen lassen, leicht salzen und sofort servieren.

POLPETTE DI SARDE E UVA PASSATA
SARDINENFRIKADELLEN MIT ROSINEN

Für 4 Personen
500 g frische Sardinen
2 Eier
Salz
200 g Semmelbrösel
50 g Pecorino, frisch gerieben
1 Handvoll Rosinen
½ Handvoll Pinienkerne
Erdnussöl zum Frittieren

Die Sardinen der Länge nach aufschneiden, ausnehmen, den Kopf, die Gräten und den Schwanz entfernen, sorgfältig waschen und mit einem langen Messer klein schneiden. Beiseitestellen.
Die Eier in einer Schüssel mit 1 Prise Salz verquirlen, dann Semmelbrösel, Pecorino, Rosinen, Pinienkerne und schließlich den Fisch dazugeben. Das Ganze gut vermischen.
Mit angefeuchteten Händen kleine Klöße formen und in reichlich sehr heißem Erdnussöl frittieren.
Anschließend auf Küchenpapier abtropfen lassen, leicht salzen und sofort servieren.

INSALATA DI OCCHI DI BUE DI DON CARMELO
FISCHSALAT MIT ABALONE ALLA DON CARMELO

Don Carmelo ist nicht nur unser Nachbar, sondern auch der Besitzer eines kleinen Restaurants in Santa Maria La Scala, das besonders für diesen Fischsalat mit »Ochsenaugen« berühmt ist. Das Innere dieser Schnecken wird auch Meeresohr genannt, der richtige Name ist jedoch Abalone.

Pro Person rechnet Don Carmelo 300 g Fisch: Polpi, Calamari, Garnelen und Abalone (zu gleichen Teilen). Die Garnelen blanchieren und schälen. Bei den Polpi unterscheidet man in zwei Arten: Die einen kommen in sandigen, die anderen in felsigen Gewässern vor. Die Felsenpolpi haben mehr Geschmack, müssen aber länger gekocht werden.
Sobald alle Meeresfrüchte gar sind, werden sie in Stücke geschnitten. Nach dem Abkühlen wird alles gut vermischt und mit Salz, Zitronensaft, Olivenöl und etwas Petersilie gewürzt.

INSALATA DI MÀURU
ALGENSALAT

Die Mauro ist eine Alge, die an der Ostküste Siziliens zu finden ist. Sie wächst zwischen den schwarzen Lavafelsen, dort, wo es Süßwasserquellen im Meer gibt. Manchmal wird sie auf dem Fischmarkt oder in kleinen Ständen am Straßenrand angeboten.
Traditionell wird sie roh mit etwas Zitronensaft gegessen. Doch eine Algensammlerin hat uns empfohlen, sie kurz mit zerdrückten Tomaten, einer Knoblauchzehe und etwas Olivenöl zu kochen.

PLANETA

INVOLTINI DI PESCE SPADA
SCHWERTFISCHROULADEN

Für 4 Personen
600 g Schwertfisch, in feine Scheiben geschnitten
150 g Semmelbrösel
60 g Pecorino, frisch gerieben
Saft von 2 Zitronen
2 EL Olivenöl extravergine
1 EL Kapern, gesalzen
50 g Rosinen
50 g Pinienkerne

Den Backofen auf 200 °C vorheizen.
Den Fisch unter fließendem Wasser abwaschen, die Haut entfernen und die Scheiben gegebenenfalls in der Mitte teilen.
Die Semmelbrösel (einige EL beiseitestellen), den Pecorino, den Saft von 1 Zitrone, das Olivenöl, die gut abgewaschenen Kapern, die Rosinen und die Pinienkerne zu einer noch etwas bröckeligen, aber gut durchfeuchteten Masse verrühren. Auf den Fischscheiben verteilen und zu Rouladen zusammenrollen. Diese erst in Olivenöl tauchen, in den beiseitegestellten Semmelbröseln wälzen und mit einem Zahnstocher verschließen.
Anschließend in eine gefettete feuerfeste Form geben, mit dem Saft der zweiten Zitrone beträufeln und im heißen Ofen etwa 15 Minuten backen.

Für dieses Gericht braucht man unbedingt ganz frischen Schwertfisch, da sonst die dünnen Scheiben im Ofen zerfallen.

PESCE SPADA AGGHIOTTA
SCHWERTFISCH MIT OLIVEN UND KAPERN

Für 4 Personen
1 kg Schwertfisch, in Scheiben geschnitten
2 Stangen Bleichsellerie
40 g Kapern, gesalzen
150 g grüne Oliven
4 EL Olivenöl extravergine
1 Zwiebel, fein gehackt
3 Tomaten, geschält

Den Sellerie mit den Blättern in leicht gesalzenem Wasser blanchieren und in Stücke schneiden. Beiseitestellen.
Die Kapern sorgfältig entsalzen, die Oliven entkernen und ebenfalls beiseitestellen.
Etwas Olivenöl in einer Pfanne mit dickem Boden erhitzen und die Zwiebeln goldgelb anschwitzen. Dann den Sellerie, die Oliven und die Kapern hinzufügen und einige Minuten köcheln lassen. Anschließend die mit der Gabel zerdrückten Tomaten und den Fisch dazugeben. Bei kleiner Hitze zugedeckt etwa 15 Minuten köcheln lassen, wenn erforderlich, etwas Wasser hinzufügen.

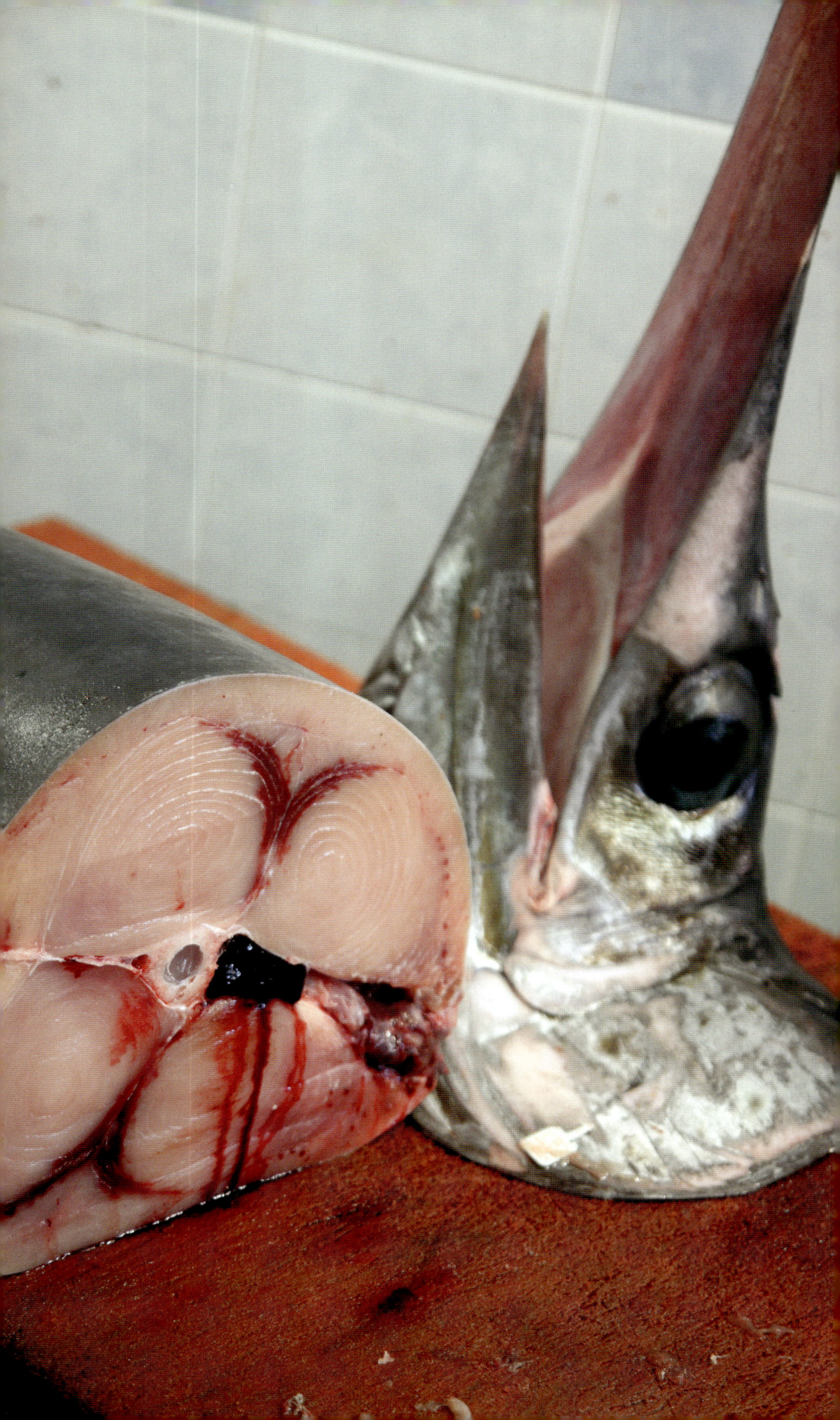

FRITTELLE DI NANNATO
SARDELLENFRIKADELLEN

Für 4 Personen
500 g Bianchetti (junge Sardellen)
2 Eier
2 EL Parmigiano Reggiano, frisch gerieben
1 EL Mehl
Erdnussöl zum Frittieren, Salz

Die Bianchetti unter fließendem Wasser abwaschen und gut abtropfen lassen. Die Eier verquirlen und mit dem Käse, dem Mehl und einer Prise Salz vermengen. Den Fisch dazugeben. Mit einem Löffel kleine Pfannkuchen formen und in reichlich heißem Öl auf beiden Seiten goldbraun frittieren. Die Frittelle auf Küchenpapier abtropfen lassen, mit einer Prise Salz bestreuen und sofort servieren.

ALICI ALLA MENTA
SARDELLEN MIT MINZE

Für 4 Personen
600 g Sardellen
5 EL Olivenöl extravergine
1 großes Bund Minze, die Blätter abgezupft
3 Knoblauchzehen, fein gehackt
Salz, Pfeffer aus der Mühle
2 saftige Zitronen
2 TL Zucker

Die Sardellen putzen, den Kopf, die Mittelgräte und den Schwanz entfernen, sorgfältig unter fließendem Wasser waschen und auf einem Küchenhandtuch trocknen.
Einen flachen Topf mit 1 EL Öl einfetten und mit einer Schicht Minzeblätter und Knoblauch auslegen. Darauf eine Schicht Sardellen geben, 1 EL Öl darübergießen und mit Salz und Pfeffer würzen. So lange fortfahren, bis alle Zutaten verbraucht sind.
Dann den Zitronensaft mit dem Zucker verquirlen und darübergeben. Bei schwacher Hitze zugedeckt etwa 30 Minuten garen, dabei den Topf hin und wieder »rütteln«, aber nicht umrühren.

Die Sardellen – oder *Masculini*, wie sie an der Ostküste genannt werden – schmecken nach einigen Stunden Ruhezeit besonders gut.

TORTINO DI ALICI
SARDELLEN MIT PECORINOBRÖSEL

Für 6–8 Personen
etwa 1 kg Sardellen
200 g Semmelbrösel
100 g Pecorino, frisch gerieben
½ Glas Olivenöl extravergine
3 große Zitronen
Salz

Die Sardellen sorgfältig putzen, längs aufschneiden, den Kopf und die Mittelgräte entfernen, aufklappen, den Schwanz möglichst ganz lassen.
Den Backofen auf 180 °C vorheizen. Die Semmelbrösel mit dem Pecorino mischen. Dann die Fische in Olivenöl tauchen, in der Mischung wälzen und wieder zusammenklappen. Anschließend in eine mit Olivenöl eingefettete feuerfeste Form legen, dabei zwischen jede Sardelle eine Zitronenspalte geben. Etwas Olivenöl darübergießen und im heißen Ofen etwa 20 Minuten backen.

NANNATO MARINATO
SARDELLEN IN ZITRONENMARINADE

Für 4 Personen
500 g Bianchetti (junge Sardellen)
2 saftige Zitronen
Salz
Pfeffer aus der Mühle oder Peperoncino, gemahlen
Petersilie oder Minze, fein gehackt (nach Belieben)
Olivenöl extravergine

Die Bianchetti in ein engmaschiges Nudelsieb geben, unter fließendem Wasser abwaschen und gut abtropfen lassen. Die Zitronen auspressen, den Saft in eine Schüssel geben und die Bianchetti darin eintauchen. Etwa 1 Stunde marinieren. Anschließend abtropfen lassen, den Zitronensaft auffangen und mit dem Öl, dem Salz und dem Pfeffer (oder dem gemahlenen Peperoncino) verrühren. Nach Belieben Petersilie oder Minze hinzugeben.
Die Fische damit übergießen und servieren.

AGUGLIE AL POMODORO
HORNHECHTE IN TOMATENSUGO

Für 4 Personen
1 kg kleine Hornhechte
800 g vollreife Tomaten, geschält
4 EL Olivenöl extravergine
1 Knoblauchzehe, fein gehackt
Oregano (nach Belieben)
Salz, Pfeffer aus der Mühle

Die Fische ausnehmen und den Kopf entfernen. Sorgfältig unter fließendem Wasser abwaschen. Die Tomaten mit einer Gabel zerdrücken und in eine große Pfanne mit dickem Boden geben. Das Olivenöl, Knoblauch und Oregano hinzufügen und etwa 10 Minuten köcheln lassen. Dann die Fische dazugeben, mit Salz und Pfeffer würzen, behutsam verrühren und zugedeckt einige Minuten weiterköcheln.
Vorsicht! Beim Verrühren darauf achten, dass die Fische nicht zerfallen.
Sobald die Fische weiß sind und sich aufzulösen beginnen, vom Herd nehmen und sofort servieren.

TRIGLIE DI SCOGLIO AL FINOCCHIETTO
BARBEN MIT WILDEM FENCHEL

Für 4 Personen
1 kg Barben
1 großes Bund wilder Fenchel
4 EL Olivenöl extravergine
Salz, Saft von 1 Zitrone

Den Fenchel in Salzwasser blanchieren, abtropfen lassen und beiseitestellen.
Den Backofen auf 200 °C vorheizen. Die Barben ausnehmen, unter fließendem Wasser abwaschen, trocken tupfen, auf ein mit Öl eingefettetes Backblech geben und Fenchelstängel dazwischenlegen. Salzen, mit Zitronensaft beträufeln und im heißen Ofen etwa 10 Minuten backen.

SGOMBRO CON IL SALMORIGLIO
GEGRILLE MAKRELEN MIT OREGANO

Für 4 Personen
etwa 1 kg Makrelen
½ Glas Olivenöl extravergine
Saft von 3 Zitronen
1 Knoblauchzehe
Oregano (oder Minze oder Petersilie)

Die Fische putzen, sorgfältig waschen und in eine flache, feuerfeste Form aus Glas legen. Das Olivenöl mit dem Zitronensaft, dem Knoblauch und den Kräutern verrühren, salzen und darübergießen. Die Fische in dieser Sauce (*salmoriglio*) etwa 1 Stunde marinieren. Danach auf den Rost legen und grillen, einen Oreganozweig in die übrig gebliebene Marinade tauchen und die Fische damit beträufeln.

COSTARDELLE ALLA MESSINESE
MAKRELENHECHTE ALLA MESSINESE

Für 4 Personen
600 g kleine Makrelenhechte
2 rote Zwiebeln, fein gehackt
½ Glas Essig
Salz
etwas Mehl
Olivenöl extravergine zum Frittieren

Die Zwiebeln mit dem Essig und dem Salz in eine Schüssel geben und etwa 1 Stunde marinieren.
Die Fische putzen, ausnehmen und den Kopf entfernen. Anschließend sorgfältig unter fließendem Wasser waschen, trocken tupfen und in Mehl wälzen. In sehr heißem Olivenöl auf beiden Seiten goldbraun frittieren.
Sofort servieren und die marinierten Zwiebeln dazu reichen.

IL CUSCUS DI ENZA
COUSCOUS ALLA ENZA

FÜR DEN COUSCOUS

1 kg Couscousgrieß (aus Hartweizen)
Wasser, Öl, Salz, Pfeffer aus der Mühle, Knoblauch
Zwiebeln und Lorbeerblätter, grob gehackt

FÜR DEN FISCHSUD

1 kg gemischte kleine Fische und Meeresfrüchte
300–400 g vollreife Tomaten (oder geschälte Tomaten aus der Dose)
1 Zwiebel, fein gehackt
2 Knoblauchzehen, fein gehackt
2 l Wasser

FÜR DIE FISCHSUPPE

800 g gemischter Fisch (möglichst auch Drachenfisch), Muscheln und Gambas
300 g vollreife Tomaten (oder geschälte Tomaten aus der Dose)
6 EL Olivenöl extravergine
1 Zwiebel, fein gehackt
1 Knoblauchzehe, fein gehackt
1 Peperoncino, entkernt und fein gehackt

FÜR DAS PESTO

3 Knoblauchzehen
4–5 Mandeln
1 Bund Petersilie, die Blätter abgezupft

Für den Sud das Olivenöl in einem Topf erhitzen und Zwiebeln und Knoblauch glasig anschwitzen. Dann die Tomaten, den Fisch und mindestens 2 Liter Wasser dazugeben. So lange kochen, bis sich der Fisch aufgelöst hat, anschließend durch ein Sieb streichen und beiseitestellen.

Für das Pesto die Knoblauchzehen in einem Mörser mit den Mandeln und der Petersilie zerstoßen und zum Sud geben.

Die Suppe wie den Sud zubereiten, aber nicht durch ein Sieb streichen, sondern lediglich die Flüssigkeit etwas reduzieren.

Jetzt den Couscous vorbereiten, was in Sizilien traditionell sehr aufwändig ist.

Die *Mafarda* (eine große, flache Schüssel aus Terrakotta, die speziell zur Couscous-Zubereitung hergestellt wird) auf die Arbeitsfläche stellen, das gesalzene Wasser und den Hartweizengrieß links davon platzieren.

Etwa 3 Handvoll Grieß in die Schüssel geben, mit der linken Hand die Seitenwände der Schüssel mit 1 EL Wasser begießen, dabei gleichzeitig mit der rechten Hand die Schüssel so drehen, dass der Grieß nach und nach feucht wird. In Sizilien wird dieser Arbeitsschritt *Incocciata* genannt. Diese Prozedur so oft wiederholen, bis der gesamte Grieß gut durchfeuchtet ist. Anschließend wird der Grieß auf ein Tuch geschüttet und mit der Hand gleichmäßig verteilt, dann etwa 1½ Stunden (oder besser über Nacht) ruhen lassen. Das Tuch an den Zipfeln fassen, den Grieß zurück in die *Mafarda* schütten, mit reichlich Öl, Salz, Pfeffer und dem zerdrückten Knoblauch mischen. Damit die Grießkörnchen das Öl und die Gewürze gut aufnehmen können, jeweils 1 Handvoll Grieß gut durchkneten und zwischen den Handflächen leicht zerreiben. Die *Couscoussiera* (das ist ein spezieller Topf aus Terrakotta mit kleinen Löchern wie ein feines Nudelsieb) zur Hand nehmen, den Boden mit reichlich grob gehackten Zwiebeln und Lorbeerblättern bedecken, den Couscous darübergeben und in einen mit kaltem Wasser gefüllten hohen Topf stellen. Die *Couscoussiera* sollte das Wasser aber nicht berühren. Aus Mehl und Wasser einen klebrigen Teig zubereiten und damit die *Couscoussiera* oben an den Rand des Wassertopfs »kleben«, damit beim Kochen kein Dampf entweichen kann.

Die *Couscoussiera* mit einem Deckel verschließen und bei großer Hitze so lange kochen, bis Dampf aus dem Couscous aufsteigt.

Danach bei mittlerer Hitze noch etwa 1¼ Stunden weiterkochen lassen, dabei einen Löffel zwischen den Rand der *Couscoussiera* und den Deckel legen, damit der Wasserdampf entweichen kann und der Couscous nicht zu feucht wird. Rechtzeitig die Hitze reduzieren, um zu vermeiden, dass das Wasser vollständig verkocht, sonst schmeckt der Couscous verbrannt und ist ungenießbar. Während des Kochens hin und wieder umrühren.

Ist der Couscous gar, die *Couscoussiera* aus dem Topf lösen und den Couscous in die Schüssel zurückschütten. Mit dem Sud übergießen, die Schüssel mit einem sauberen Tuch abdecken und das Ganze in eine Decke wickeln. Anschließend etwa 30 Minuten quellen lassen. Danach mit dem restlichen Sud übergießen und die Fischsuppe dazu reichen.

Verdura

Gemüse

LA PARMIGIANA DI MELANZANE DI NONNA PINA
AUBERGINEN-KÄSE-AUFLAUF ALLA NONNA PINA

Für 10–12 Personen
3 runde Auberginen
grobes Salz
Erdnussöl zum Frittieren
400 g Tomatensugo
1 Knoblauchzehe, fein gehackt
einige Basilikumblätter
5 hart gekochte Eier
3 EL Semmelbrösel
250 g milder Provolone, in feine Scheiben geschnitten
4 EL Parmigiano Reggiano, frisch gerieben

Die Auberginen schälen, in Scheiben schneiden, in ein Sieb geben und jede Schicht mit einer Handvoll grobem Salz bestreuen. Mit einem umgedrehten Teller abdecken und mit einem Gewicht beschweren. Dadurch verlieren die Auberginen ihren bitteren Geschmack und nehmen beim Frittieren weniger Öl auf.
Nach etwa 1 Stunde das Salz abwaschen und die Auberginen mit einem Küchentuch vorsichtig trocken tupfen. Anschließend frittieren und beiseitestellen.
Aus dem Tomatensugo, Knoblauch und Basilikum eine würzige Sauce zubereiten. Die Eier in feine Scheiben schneiden. Eine feuerfeste Form oder ein Backblech leicht einfetten und mit Semmelbröseln bestreuen. Die restlichen Brösel beiseitestellen. Mit einer Schicht Auberginen bedecken, dann eine Schicht Eier und eine Schicht Provolone darübergeben, mit Tomatensauce übergießen und mit 2 EL Parmigiano bestreuen. Das Ganze nochmals wiederholen. Mit einer Schicht Auberginen, einigen Esslöffeln Sauce, Semmelbröseln und Parmigiano enden.
Den Backofen auf höchster Stufe vorheizen und die Form hineinschieben. Dann die Temperatur sofort auf 160 °C reduzieren und den Auflauf etwa 30 Minuten backen, bis er eine goldbraune Kruste hat.
Aus dem Ofen nehmen und einige Stunden ruhen lassen. Am besten schmeckt der Auflauf am nächsten Tag.

Für dieses Rezept existieren überall in Sizilien die unterschiedlichsten Variationen und Interpretationen. In jeder Küche gibt es spezielle Zutaten, Dosierungen und Zubereitungen. Natürlich ist der eigene Auflauf immer der beste …, und dieser Meinung schließen wir uns selbstverständlich an!

FAVE FRESCHE E CIPOLLE
SAUBOHNEN MIT ZWIEBELN

Frische Saubohnen und neue Zwiebeln kommen etwa zur gleichen Zeit auf den Markt. Deshalb bietet es sich an, beide Gemüse zu kombinieren. Am besten in Form einer *Macco di fave* (siehe Seite 52), bei der sich noch Fenchel als dritte Geschmacksnote hinzugesellt.

INSALATA DI CAVOLO TRUNZO
KOHLSALAT

Für 4 Personen
1 junger *Cavolo trunzo* (eine besondere Kohlsorte, ähnlich dem Kohlrabi)
2 EL Rotweinessig
3–4 EL Olivenöl extravergine
Salz, Pfeffer aus der Mühle

Die grünen Blätter von der Knolle lösen. Sorgfältig waschen und die dicke, mittlere Ader entfernen. Die Blätter zu Zigarren rollen, vorsichtig in 2–3 mm breite Streifen schneiden und in eine Schüssel geben.
Die Knolle schälen, das zarte Herz in kleine Würfel schneiden, zu den Blättern geben und vermischen. Aus dem Essig, dem Öl, Salz und Pfeffer eine Salatsauce zubereiten und darübergießen.

Die Legende sagt, dass derjenige, der an Maria Himmelfahrt *Cavolo trunzo* isst, das ganze Jahr von Kopfschmerzen befreit ist. Außerdem werden ihm weitere heilende Fähigkeiten zugeschrieben. Außerhalb Siziliens ist diese Kohlsorte nur schwer zu bekommen, deshalb haftet ihr etwas Exotisches an.

PEPERONI AL VINO COTTO
PAPRIKAPLÄTZCHEN MIT VINO COTTO

Für 4 Personen
5 große fleischige Paprikas in verschiedenen Farben
2 Knoblauchzehen, zerdrückt
Salz, Pfeffer aus der Mühle
½ Glas *Vino cotto* (siehe Seite 164)
Olivenöl extravergine

Den Backofen auf 200 °C vorheizen. Den Stiel der Paprikas entfernen, die Früchte entkernen und in große Stücke schneiden, waschen und noch feucht in eine Backform legen. ½ Glas Wasser dazugießen, in den heißen Ofen schieben und hin und wieder umrühren. Wenn das Gemüse weich ist, aus dem Ofen nehmen, den Knoblauch hinzufügen, mit Salz und Pfeffer würzen und mit dem *Vino cotto* und etwas Olivenöl übergießen. Anschließend das Gemüse in der Form leicht anbraten.
Wer keinen *Vino cotto* zur Hand hat, kann ihn durch einen kräftigen Rotwein ersetzen, in den etwas Zucker eingerührt wird. Auf diese Weise hat man zumindest eine Ahnung, wie es schmecken sollte!

CARCIOFI ARROSTITI
GERÖSTETE ARTISCHOCKEN

Für 4 Personen
4 Artischocken, möglichst violette
2 Knoblauchzehen
1 Bund Petersilie, die Blätter abgezupft und fein gehackt
6 EL Semmelbrösel
4 EL Caciocavallo oder Pfefferpecorino, frisch gerieben
Salz
Olivenöl extravergine

Die äußeren Blätter der Artischocken entfernen, den Stiel schälen.
Knoblauch, Petersilie, Semmelbrösel und den geriebenen Käse miteinander vermengen.
Die Artischocken so auf den Tisch schlagen, dass sich die Blätter leicht öffnen, dann die Füllung zwischen die Blätter geben und mit den Fingern leicht nach unten drücken. Etwas salzen, mit Olivenöl beträufeln und auf allen Seiten goldbraun braten.

Besonders gut lassen sich Artischocken in Holzkohle rösten. Legen Sie die Früchte direkt in die Glut, dann bekommen sie einen unverwechselbaren Geschmack. Aber auch ein Gartengrill oder der Grill im Backofen sind gut geeignet.

COTOLETTE DI MELANZANE
AUBERGINENSCHNITZEL

Für 4 Personen
2 runde violette Auberginen, entkernt
grobes Salz
4 EL Mehl
2–3 Eier
2 EL grobe Semmelbrösel
feines Salz
4 EL Parmigiano Reggiano, frisch gerieben
2 EL Petersilie, fein gehackt
Erdnussöl zum Frittieren

Die Auberginen schälen, in Scheiben schneiden, in ein Sieb geben und jede Schicht mit grobem Salz bestreuen. Anschließend mit einem umgedrehten Teller abdecken und mit einem Gewicht beschweren.
Nach etwa 1 Stunde das Salz abwaschen und die Auberginenscheiben sorgfältig trocken tupfen.
Danach zuerst durch das Mehl, dann durch die verquirlten Eier und schließlich durch den mit Semmelbröseln, Salz und fein gehackter Petersilie gemischten Parmigiano ziehen. In reichlichem, sehr heißem Öl frittieren, die Schnitzel auf Küchenpapier abtropfen lassen und sofort servieren.

Auch dieses Rezept verdanken wir Nonna Pina. Selbst ihre beiden Enkelinnen sind davon begeistert. Eine allerdings will noch eine milde Tomatensauce dazu …

AGGHIATA DI ZUCCA CON LE OLIVE NERE
KÜRBIS SÜSSSAUER MIT SCHWARZEN OLIVEN

Für 4 Personen
800 g gelber Kürbis
Erdnussöl zum Frittieren
2 EL Essig
1 EL Zucker
2 EL Olivenöl extravergine
20–25 schwarze Oliven
½ EL Salz

Den Kürbis schälen, entkernen und in etwa ½ cm dicke Scheiben schneiden. In reichlich Öl frittieren und das überschüssige Öl mit Küchenpapier abtupfen. Das Öl wegschütten, die Pfanne aber nicht säubern. Den Essig mit dem Zucker mischen und in die Pfanne geben, das Olivenöl, die Oliven und das Salz hinzufügen und kurz aufwallen lassen, dann über das Gemüse geben.

AGGHIATA DI ZUCCA CON MENTA FRESCA
KÜRBIS SÜSSSAUER MIT FRISCHER MINZE

Für 4 Personen
800 g gelber Kürbis
1 Bund frische Minze
1 Knoblauchzehe
2 EL Essig
2 EL Olivenöl extravergine
1 EL Zucker
Erdnussöl zum Frittieren
Salz

Wie beim nebenstehenden Rezept vorgehen, dabei die Oliven durch die Minze und den fein gehackten Knoblauch ersetzen.

CAPONATA DI MELANZANE DI ANNA
AUBERGINEN-CAPONATA ALLA ANNA

Für 6 Personen
6 runde hellviolette Auberginen
grobes Salz, Olivenöl
2 Bleichsellerie im Ganzen
4 Knoblauchzehen, fein gehackt
4 vollreife Tomaten, geschält, entkernt
und in Stücke geschnitten
200 g grüne Oliven, entkernt und geviertelt
3 EL Kapern, gesalzen
100 g Pinienkerne
150 g Rosinen
½ Glas Rotweinessig
2 EL Zucker
Basilikum
Salz, Pfeffer aus der Mühle

Die Auberginen in Würfel schneiden, in ein großes Sieb geben, mit grobem Salz bestreuen und mit einem Gewicht beschweren.
Mindestens 2 Stunden stehen lassen, damit sie ihren bitteren Geschmack verlieren.
Anschließend das Salz abwaschen, die Auberginen trocken tupfen und in heißem Öl frittieren. Beiseitestellen.
Den Sellerie putzen und das »Herz« sowie die Blätter jeweils klein schneiden und blanchieren.
Die Stangen für ein anderes Gericht aufheben.
Etwas Öl in einer großen, flachen Pfanne erhitzen. Knoblauch, Sellerie, Tomaten, Oliven, die gewaschenen Kapern, die Pinienkerne und Rosinen dazugeben und anbraten.
Anschließend so lange köcheln lassen, bis der Sellerie gar ist. Dann die Auberginen und etwas Basilikum dazugeben. Bei kleiner Hitze weitere 10 Minuten köcheln lassen, dabei mehrmals umrühren. Danach den mit dem Zucker vermischten Essig dazugießen. Mit Salz und Pfeffer würzen und alles gut vermischen. Einige Stunden ruhen lassen und kalt servieren.

Dieses wunderbare Rezept verdanken wir Anna, die wir sehr vermissen. Ihre Caponata war unerreicht.

CAPONATA DI CARCIOFI
ARTISCHOCKEN-CAPONATA

Für 6 Personen
10 Artischocken
2 Stangen Bleichsellerie,
in Scheiben geschnitten
4 EL Olivenöl extravergine
2 EL Kapern, gesalzen
20 grüne Oliven, entkernt und geviertelt
1 EL Pinienkerne
1 EL Rosinen
1 große Tomate (oder 1 geschälte Tomate
aus der Dose)
½ Glas Weißweinessig
2 EL Zucker
Salz, Pfeffer aus der Mühle

Die Artischocken putzen, die Blattspitzen und die äußeren Blätter entfernen, den Rest klein schneiden und in Zitronenwasser einweichen.
Blanchieren, abgießen und beiseitestellen.
Die Selleriescheiben und einige zarte Blätter blanchieren und gut abtropfen lassen.
2 EL Olivenöl in einer großen Pfanne erhitzen und die Artischocken und den Sellerie knusprig braten. Anschließend herausnehmen und beiseitestellen.
Danach die mit einer Gabel zerdrückte Tomate zusammen mit dem restlichen Olivenöl in die Pfanne geben. Anschließend nach und nach die gewaschenen Kapern, die Oliven, den Sellerie, die Artischocken, die Pinienkerne und die Rosinen hinzufügen und mit dem mit dem Zucker verrührten Essig übergießen. Das Ganze bei mittlerer Hitze köcheln lassen, dabei hin und wieder umrühren. Danach mit Salz und Pfeffer würzen und lauwarm oder kalt servieren.

IL CAVOLFIORE AFFOGATO DI ZIA SARA
BLUMENKOHL-SARDELLEN-AUFLAUF

Für 6–8 Personen
1 kg violetter Blumenkohl mit Blättern
(oder eine andere Sorte)
5 EL Olivenöl extravergine
Semmelbrösel
100 g entsalzte Sardellen
150 g Pecorino, frisch gerieben
1 Knoblauchzehe, fein gehackt
einige Oliven (nach Belieben)
Salz, Pfeffer aus der Mühle
1 Glas Rotwein

Den Backofen auf 200 °C vorheizen. Den Blumenkohl waschen, die Röschen und einige Blätter beiseitestellen.
Eine runde Backform gut mit Öl einfetten, mit Semmelbröseln bestreuen und die Seiten mit Blumenkohlblättern auskleiden. Anschließend den Boden mit einer Schicht Blumenkohlröschen bedecken, darüber eine Schicht mit Sardellen, Pecorino, Knoblauch und, nach Belieben, einigen Oliven geben. Mit Salz und Pfeffer würzen und mit einer zweiten Schicht Blumenkohl bedecken. So lange fortfahren, bis alle Zutaten verbraucht sind. Danach mit dem Wein übergießen, ein Gewicht darauflegen und die Backform bei mittlerer Hitze etwa 1 Stunde in den heißen Ofen schieben. Abkühlen lassen und auf eine Platte stürzen.

Ein köstliches Gericht, das aber schwer im Magen liegen kann …

INSALATA DI CEDRO E CIPOLLA
ZITRONEN-ZWIEBEL-SALAT

Für 4 Personen
etwa 20 schwarze Oliven
5 EL Olivenöl extravergine
1 Peperoncino, entkernt und fein gehackt
2 große Zitronatzitronen, in feine Scheiben geschnitten
2 mittelgroße Zwiebeln, in feine Ringe geschnitten
Salz

Die Oliven mit dem Peperoncino und 1 EL Olivenöl würzen. Mit den Zitronenscheiben und Zwiebelringen vermengen und mit dem restlichen Olivenöl und Salz würzen.

INSALATA DI ARANCE E FINOCCHIO
ORANGEN-FENCHEL-SALAT

Für 4 Personen
4 Orangen
2 Fenchelknollen
4 EL Olivenöl extravergine
Salz, Pfeffer aus der Mühle

Die Orangen schälen, das weiße Häutchen entfernen und in feine Scheiben schneiden. Den Fenchel ebenfalls in feine Scheiben schneiden und mit den Orangen vermengen. Anschließend mit dem Olivenöl und reichlich Salz und Pfeffer würzen.

INSALATA DI ARANCE E ARINGA AFFUMICATA
ORANGEN-BÜCKLING-SALAT

Für 4 Personen
4 Orangen
1 Bückling
2 Frühlingszwiebeln, klein geschnitten
4 EL Olivenöl extravergine
Salz, Pfeffer aus der Mühle
2 EL Petersilie, fein gehackt

Die Orangen schälen, das weiße Häutchen entfernen und in feine Scheiben schneiden. Den Bückling in Würfel schneiden. Beides in eine Schüssel geben. Die Frühlingszwiebeln und den Bückling hinzufügen. Das Ganze gut durchmischen und mit Olivenöl, Salz und reichlich Pfeffer sowie gehackter Petersilie würzen.

INSALATA DI ARANCE E OLIVE VERDI
ORANGEN-OLIVEN-SALAT

Für 4 Personen
4 Orangen
20 g grüne Oliven (möglichst mild und ganz frisch)
4 EL Olivenöl extravergine
Salz, Pfeffer aus der Mühle

Die Orangen schälen, das weiße Häutchen entfernen und in feine Scheiben schneiden. Mit den Oliven und dem Olivenöl vermengen und mit Salz und Pfeffer würzen.

Für Orangen- oder Zitronensalat gibt es alle möglichen Rezeptvarianten. Unabhängig von den übrigen Zutaten gibt es drei Dinge, auf die man nicht verzichten kann: hochwertiges Olivenöl, Salz und frisch gemahlenen Pfeffer.

VERDURE INFORNATE
OFENGEMÜSE

Die Bäckereien im Osten Siziliens, aber auch kleine Lebensmittelläden bieten im Sommer große Bleche mit Ofengemüse an, vor allem Zwiebeln, Auberginen und Paprika.
Zum Backen wird die Resthitze genutzt, die nach dem Brotbacken noch im Ofen herrscht. Das Gemüse wird im Ganzen und ungeschält in den Ofen geschoben, selbst die Zwiebeln. Erst wenn das Gemüse dunkelbraun ist, wird es herausgenommen. Zu Hause kann es dann geschält und nach Belieben gewürzt werden.

GIORNATA
0.50

Cose duci

Desserts, Eis und Süßspeisen

GELO DI LIMONE
ZITRONENKALTSCHALE

Für 6 Personen
80 g Weizenstärke
250 g Zucker
1 l Wasser
abgeriebene Schale und Saft von 3 Zitronen (möglichst noch grün und aus biologischem Anbau)

Die Zitronen waschen, abtrocknen und die Schale vorsichtig abreiben. Dabei darauf achten, dass die weiße Haut intakt bleibt.
Die Schale über Nacht in dem Wasser einweichen.
Das Wasser durch ein Sieb gießen, das gesiebte Stärkemehl nach und nach hineinrühren und den Zucker hinzufügen. Darauf achten, dass keine Klümpchen entstehen.
Die Flüssigkeit aufkochen lassen, den gefilterten Zitronensaft hinzufügen und weitere 1–2 Minuten kochen lassen. In eine Form gießen und im Kühlschrank mindestens 3–4 Stunden kalt stellen.

GELO DI ARANCIA
ORANGENKALTSCHALE

Für 6 Personen
1 l gefilterter Orangensaft
80 g Weizenstärke
etwa 200 g Zucker (je nach Süße der Orangen)

Die Orangen auspressen und den Saft filtern. Einen Teil mit dem Zucker und dem gesiebten Stärkemehl mischen, dann den Rest unterrühren. Unter ständigem Rühren aufkochen lassen, in eine Form gießen und im Kühlschrank mindestens 3–4 Stunden kalt stellen.

GELO DI MELLONE
MELONENKALTSCHALE

Für 8 Personen
1¼ l Melonensaft (aus einer Wassermelone von 2–3 kg)
etwa 250 g Zucker (je nach Süße des Melonensafts)
110 g Weizenstärke
10 Gewürznelken
Zimt (nach Belieben)
Schokotropfen zur Dekoration (nach Belieben)

Die Schale und die Kerne der Melone entfernen und das Fruchtfleisch durch ein Sieb streichen. Zucker und Saft mischen, bis er süß genug ist. Einen Teil in einem großen Topf mit der Stärke verrühren, dabei darauf achten, dass keine Klümpchen entstehen. Nach und nach den Rest des Saftes, die Nelken und den Zimt hinzufügen und bei schwacher Hitze unter ständigem Rühren kochen, bis die Flüssigkeit eingedickt ist (das dauert etwa 10 Minuten). Anschließend in eine große oder mehrere kleine Formen gießen, abkühlen lassen und mehrere Stunden in den Kühlschrank stellen.

Wer möchte, dekoriert das Dessert mit Schokotropfen als »Melonenkerne«.

GELO DI CANNELLA
ZIMTKALTSCHALE

Für 6 Personen
15–20 g Zimtstangen
200–250 g Zucker
80 g Weizen- oder Maisstärke
1 l Wasser

Die Zimtstangen mindestens 24 Stunden in dem Wasser einweichen. Anschließend durch ein Sieb gießen und einen Teil der Flüssigkeit mit dem Stärkemehl verrühren, dabei sollten keine Klümpchen entstehen.
Das restliche Zimtwasser und den Zucker unterrühren und unter ständigem Rühren aufkochen lassen, in Förmchen gießen und abkühlen lassen. Für mindestens 3 Stunden in den Kühlschrank stellen.

BIANCOMANGIARE
MANDELMILCHPUDDING

Für 6–8 Personen
400 g geschälte Mandeln
abgeriebene Schale von 1 unbehandelten Zitrone (oder 1 Limette, sie hat ein intensiveres Aroma)
200 g Zucker
120 g Weizenstärke
250 g flüssige Sahne

Die Mandeln im Mixer zerkleinern und mit 1 Liter kaltem Wasser in eine große Schüssel geben. Den Zitronenabrieb hinzufügen und das Ganze abgedeckt etwa 6 Stunden ziehen lassen. Die Flüssigkeit durch einen feinen Stoff gießen und die Mandeln gut auspressen (zugegeben, eine etwas aufwändige Methode ...).
Den Zucker und die Stärke unterrühren, dabei darauf achten, dass es keine Klümpchen gibt (sonst erneut durch das Tuch filtern). Anschließend die Sahne zugießen. Das Ganze unter ständigem Rühen bei schwacher Hitze aufkochen lassen und die Creme in eine große Form gießen. Abkühlen lassen und über Nacht in den Kühlschrank stellen.

PASTE DI MANDORLA
MANDELPLÄTZCHEN

Für etwa 30 Stück
125 g ungeschälte Mandeln
125 g Zucker
1 Eiweiß
15 g Mehl
3 EL Zucker
Puderzucker

Die Mandeln einige Minuten in kochendem Wasser blanchieren und mit den Fingern die Haut entfernen. (Achtung, dabei verbrennt man sich leicht!).
Den Backofen auf 180 °C vorheizen.
Die Mandeln mit einem Küchentuch abtrocknen und zusammen mit dem Zucker im Mixer zerkleinern. Das Eiweiß und das Mehl untermischen. Die Masse auf eine mit 1 ½ EL Puderzucker bestreute Arbeitsplatte geben und rasch zu einem Teig verkneten. 7–8 cm lange Würstchen rollen und zu einem »S« formen. Anschließend im heißen Ofen einige Minuten goldbraun backen und auf einem Rost abkühlen lassen.
Wenn die Plätzchen kalt sind, mit Puderzucker bestäuben und in einer Blechdose aufbewahren.

Dosen mit Mandelgebäck sind traditionelle Geschenke der Sizilianer für Verwandte und Freunde im übrigen Italien und im Ausland. Fast jeder, der auf das Festland übersetzt, hat eine solche Blechdose im Gepäck.

PIGNOLATA AL MIELE
HONIG-ORANGEN-PIGNOLATA

400 g Mehl
4 Eier
20 g Schweinefett (oder Butter)
1 EL reiner Alkohol
Erdnussöl zum Frittieren
250 g Honig
2 EL Wasser
abgeriebene Schale von 1 unbehandelten Orange

Das Mehl mit den Eiern und dem Fett zu einem Teig verkneten, anschließend nach und nach den Alkohol hinzugeben. Eine Kugel formen und abgedeckt etwa 1 Stunde ruhen lassen. Danach den Teig in kleine Portionen teilen, Würstchen rollen und in Scheiben schneiden. Anschließend zu Klößchen formen und in einer Pfanne in heißem Öl frittieren (immer nur wenige auf einmal). Die Klößchen herausnehmen und auf Küchenpapier abtropfen lassen. In der gleichen Pfanne den Honig mit dem Wasser schmelzen lassen, die frittierten Klößchen und den Orangenabrieb hinzufügen und mit den zuvor in Öl getauchten Händen rasch durchmischen. Herausnehmen, auf einem Teller zu einer Pyramide stapeln und mit abgeriebener Orangenschale dekorieren.

PIGNOLATA MESSINESE
SCHOKO-ZITRONEN-PIGNOLATA

In diesem für Messina typischen Rezept bekommt die Pignolata einen Schokoladen-Zitronen-Überzug. Ansonsten entspricht es im Wesentlichen dem Rezept links.

FÜR DEN TEIG
400 g Mehl
4 Eier
20 g Schweinefett (oder Butter)
1 EL reiner Alkohol

FÜR DIE ZITRONENGLASUR
2 Eiweiß
350 g Puderzucker
3 EL Zitronensaft
1 EL Vermouth

FÜR DIE SCHOKOLADENGLASUR
100 g dunkle Schokolade, gerieben
6 EL Wasser
100 g Zucker

Den Teig wie im vorhergehenden Rezept zubereiten. Nach dem Frittieren die Klößchen auf einem Teller zu einer Pyramide stapeln. Für die Zitronenglasur die Eiweiße mit dem Puderzucker schaumig schlagen und nach und nach den Zitronensaft und den Vermouth hinzugeben.
Für die Schokoladenglasur die Schokolade in einem Töpfchen mit dem Wasser bei sehr schwacher Hitze auflösen, dann den Zucker unterrühren. So lange rühren, bis eine homogene Masse entstanden ist. Den Topf unter ständigem Rühren in kaltes Wasser stellen. Die Pyramide auf der einen Hälfte mit Zitronenglasur und auf der anderen mit Schokoladenglasur überziehen.

MOSTACCIOLI
GEFÜLLTE KIPFERL

Für 40–45 Stück
FÜR DIE FÜLLUNG
3 Gläser *Vino cotto* (siehe Seite 164)
1 Glas Wasser mit 1 EL Zucker
200 g Mehl
weitere Zutaten nach Belieben: Orangeat, Gewürznelken, Zimt, Walnüsse, Pinienkerne, Mandeln

FÜR DEN TEIG
1 ½ kg Mehl
500 g Zucker
300 g Schweinefett
5 Eier
1 Glas Milch
30 g Hirschhornsalz
Puderzucker

Am Vorabend die Füllung zubereiten. Den *Vino cotto* mit dem gezuckerten Wasser und dem Mehl verrühren und aufkochen lassen, bis eine cremige Masse entsteht.
Den Backofen auf 180 °C vorheizen.
Für den Teig das Mehl mit dem Zucker auf einer Arbeitsplatte vermischen, aufhäufen, eine Vertiefung in die Mitte drücken und das Fett, die verquirlten Eier und die zuvor mit dem Hirschhornsalz verrührte Milch (die Flüssigkeit sollte nicht schäumen) hineingeben.
Das Ganze rasch zu einem elastischen Teig verkneten, ausrollen und mit einer Form etwa 10 cm lange Ovale ausstechen, am besten mit einer Ausstechform aus Karton. Etwas Füllung in die Mitte geben, zusammenklappen und zu einem »S« formen. Mit Orangeat, Nüssen, Kernen und Gewürzen garnieren und im heißen Ofen goldbraun backen. Abkühlen lassen und mit Puderzucker bestäuben.

Aus den Teigresten kann man kleine Donuts backen. Ringe ausstechen, mit etwas Orangenmarmelade füllen und goldbraun backen.

Die *Torroni* sind aus der sizilianischen Küche nicht wegzudenken. Man findet sie überall und bei jeder Gelegenheit, bei Geburtstagen, Heiligen-, Straßen- und Volksfesten. Die Rezepte variieren, aber die Grundzutaten sind im Wesentlichen immer die gleichen: Honig und Zucker, Samen oder Kerne, den individuellen Geschmack geben Zitronen, Orangen, Zimt oder auch Anis.

CUBBAITA DI GIUGGIULENA (TORRONE DI SESAMO) SESAMTORRONE

300 g Honig
90 g Zucker
abgeriebene Schale von 1 unbehandelten Zitrone
Sonnenblumenöl
250–300 g Sesamkerne

Den Honig mit dem Zucker und der abgeriebenen Zitronenschale aufkochen lassen. Anschließend die Sesamkerne hinzufügen, rasch verrühren und auf eine mit Sonnenblumenöl bestrichene Arbeitsfläche aus Marmor gießen. Wie hart der Torrone wird, hängt von der Menge Sesamkerne ab. Die Oberfläche leicht einschneiden, solange die Sesam-Honig-Masse noch warm ist; dann lässt sie sich später leichter in Stücke brechen.

CUBBAITA DI MENNULI (TORRONE DI MANDORLE) MANDELTORRONE

250 g Mandeln
150 g Honig
150 g Zucker
Sonnenblumenöl zum Einfetten

Die Mandeln einige Minuten in kochendem Wasser blanchieren. Anschließend sofort enthäuten, auf ein Küchentuch legen und abkühlen lassen.
Den Honig und den Zucker bei sehr schwacher Hitze auflösen (Vorsicht, der Honig brennt leicht an!), dann aufkochen lassen, die Mandeln hinzufügen und das Ganze einige Minuten eindicken lassen.
Danach die Mandelmasse auf eine mit Sonnenblumenöl bestrichene Arbeitsplatte aus Marmor oder aber in eingefettete Förmchen geben.

FRASTUCA (TORRONE DI PISTACCHIO) PISTAZIENTORRONE

150 g Honig
150 g Zucker
250 g Pistazien
Zimt (nach Belieben)

Genau wie beim vorhergehenden Rezept verfahren und nach Belieben mit Zimt bestreuen.

CUCCIA
SÜSSER WEIZENBREI MIT RICOTTA

400 g gekochter Weizen
200 g Ricotta vom Schaf
2 EL Zucker
kandierte Früchte (nach Belieben)
geriebene dunkle Schokolade (nach Belieben)

Für diese süße *Cuccia* haben wir vorgekochten Weizen verwendet, der für Süßspeisen gut geeignet ist. Die Tradition jedoch verlangt, dass die Weizenkörner 2 Tage lang in Wasser eingeweicht werden, wobei ab und zu das Wasser gewechselt werden muss. In diesem Fall erst nach dem Quellen wiegen. Anschließend muss der Weizen bei schwacher Hitze etwa 3 Stunden garen.
Den Ricotta und den Zucker mit dem Mixer zu einer leichten Creme aufschlagen. Danach durch ein Sieb streichen und zuerst die kandierten Früchte und anschließend den Weizen hinzufügen. Gut miteinander vermischen und abwechselnd mit der Schokolade schichtweise in Dessertgläser füllen. Nach Belieben dekorieren. Einige Stunden in den Kühlschrank stellen.

Auch von diesem Rezept gibt es Varianten in Hülle und Fülle. Etwas jedoch darf nie fehlen: gekochter Weizen. Ansonsten sind der Fantasie keine Grenzen gesetzt: Ricotta, aufgeschäumte Milchcreme oder eine Creme mit Eigelb. Die *Cuccia* wird traditionell zum Fest der heiligen Lucia am 13. Dezember zubereitet. Unser Rezept auf Ricottabasis stammt von Zia Fiorella, der einzigen in Maites Familie, die das Rezept im Kopf hat.

CANNOLI
MIT RICOTTA GEFÜLLTE TEIGRÖLLCHEN

Das Rezept stammt von Gianna, die aus Liebe zur sizilianischen Küche kam, aus Liebe zu einem Sizilianer natürlich!

Für 10 Stück
FÜR DIE TEIGROLLEN
300 g Mehl
30 g Zucker
1 Prise Salz
15 g ungesüßtes Kakaopulver (diese Zutat haben wir dem Originalrezept hinzugefügt)
25 g Butter
1 kleines Glas trockener Marsala

FÜR DIE FÜLLUNG
300 g Ricotta vom Schaf
150 g Puderzucker
50 g kandierte Orangenschale, in schmale Streifen geschnitten
50 g dunkle Schokolade, in kleine Stücke gebrochen
1 kleines Glas Rum (nach Belieben)
Erdnussöl oder Schweineschmalz zum Frittieren

AUSSERDEM: 1 Eiweiß

Das Mehl sieben. Zucker, Salz, Kakaopulver, Butter und den Marsala hinzufügen und alles zu einem sehr weichen, elastischen Teig verkneten. Eine Kugel formen, in Frischhaltefolie einwickeln und etwa 1 Stunde im Kühlschrank ruhen lassen.
In der Zwischenzeit die Füllung zubereiten. Den Ricotta durch ein Sieb streichen, den Zucker dazugeben und mit dem Mixer zu einer luftigen Creme aufschlagen. Die Orangenschale, die Schokolade und gegebenenfalls etwas Rum hinzufügen. Die Creme mit Frischhaltefolie verschließen und in den Kühlschrank stellen.

Den Teig mit dem Nudelholz oder der Nudelmaschine einige Millimeter dick ausrollen, Ovale ausstechen und um eine Cannoliform wickeln (früher benutzte man dazu ein Bambusrohr). Die überlappenden Enden mit etwas Eiweiß verschließen. In einer hochwandigen Pfanne das Fett erhitzen. Sobald es zu rauchen beginnt, die *Cannoli* mit der Form hineingeben. Kurz frittieren, mit dem Schaumlöffel herausnehmen und zum Abtropfen auf Küchenpapier legen. Abkühlen lassen und vorsichtig von der Form lösen.
Die *Cannoli* erst kurz vor dem Servieren füllen, damit der Teig nicht zu feucht wird.

CASSATA
SIZILIANISCHE SCHICHTTORTE

Eine *Cassata* lässt sich sehr gut zu Hause zubereiten. Man braucht nur etwas Geduld und ein wenig Geschick beim Garnieren. Der Lohn ist ein herrliches Dessert!

FÜR DEN BISKUIT
5 Eier, getrennt
140 g Zucker
1 Prise Salz
70 g Mehl
70 g Stärkemehl

FÜR DIE FÜLLUNG
700 g sehr frischer Ricotta vom Schaf
180 g Puderzucker
70 g dunkle Schokolade, in kleine Stücke gebrochen
80 g kandierte Früchte, klein geschnitten

FÜR DAS MARZIPAN
250 g Marzipanrohmasse
Puderzucker
grüne Speisefarbe

FÜR DIE GLASUR
1 Eiweiß
175 g Puderzucker
1 EL Zitronensaft

AUSSERDEM: Marsala (oder ein anderer Likör), um den Biskuit zu beträufeln, sowie kandierte Früchte zum Garnieren

Am Vorabend den Ricotta durch ein Sieb streichen, mit dem Puderzucker mischen und mit dem Mixer zu einer lockeren Creme aufschlagen. In eine Form geben, mit Frischhaltefolie bedecken und in den Kühlschrank stellen.
Für den Biskuit zunächst den Backofen auf 180 °C vorheizen. Die Eigelbe in einer großen Schüssel mit dem Zucker schaumig rühren, das Salz, das durchgesiebte Mehl und das durchgesiebte Stärkemehl hinzufügen und das Ganze etwa 10 Minuten zu einem Teig verkneten.
Die Eiweiße steif schlagen und unter den Teig ziehen. In eine gefettete Springform geben und im heißen Ofen etwa 40 Minuten backen. Abkühlen lassen und in der Mitte quer durchschneiden. Die beiden Biskuithälften bilden den Boden und den Deckel der *Cassata*.
Die Marzipanrohmasse auf eine mit Puderzucker bestäubte Arbeitsfläche geben und mit so viel Speisefarbe mischen, bis die gewünschte Farbe erreicht ist. Gut durchkneten und mit dem Nudelholz ausrollen.
Eine nach oben breiter werdende Backform (etwa 30 cm Ø) mit Frischhaltefolie auskleiden und von der Marzipanrohmasse einen passenden Streifen zum Auskleiden des Randes der Backform abschneiden. Anschließend die erste Biskuithälfte auf den Boden der Form legen, den Marsala mit Wasser mischen und den Biskuit damit beträufeln. Die kandierten Früchte und die Schokolade mit der Ricottacreme verrühren und darüberstreichen. Mit der zweiten Biskuithälfte abdecken und erneut mit Marsala beträufeln. Die *Cassata* mit einem umgedrehten Teller bedecken und einige Stunden in den Kühlschrank stellen.
Für die Glasur das Eiweiß mit dem Zucker steif schlagen und nach und nach den Zitronensaft einrühren. In diesem Rezept wird nur die Oberfläche der *Cassata* mit der Glasur bestrichen, weshalb sie ziemlich fest ist. Wenn Sie auch die Ränder damit überziehen wollen, nehmen Sie für die Glasur einfach mehr Zitronensaft und weniger Zucker.
Die *Cassata* aus der Form auf eine Servierplatte stürzen und die Glasur auf der Oberfläche gleichmäßig verstreichen. Mit kandierten Früchten dekorieren. Nach Belieben auch den Rand mit der übrig gebliebenen Glasur verzieren.

MINNE DI SANT'AGATA
MIT RICOTTA GEFÜLLTE VANILLEKÜCHLEIN

Für 20–24 Stück
FÜR DEN MÜRBETEIG
125 g Butter
300 g Mehl
125 g Zucker
1 Prise Salz
Vanillearoma (oder besser gemahlene Samenkörner der Schote)
1 Ei, 2 Eigelb

FÜR DIE GLASUR
2 Eiweiß
350 g Puderzucker
2 EL Zitronensaft
kandierte Kirschen zum Garnieren

FÜR DIE FÜLLUNG
600 g Ricotta vom Schaf
100 g Puderzucker
80 g kandierte Früchte, klein geschnitten
100 g dunkle Schokolade, geraspelt

Für den Mürbeteig die klein geschnittene Butter rasch mit dem Mehl, Zucker, Salz und der Vanille zu einer homogenen Masse verkneten, dabei nach und nach die Eier hinzufügen. Den fertigen Teig zu einer Kugel formen, in Frischhaltefolie wickeln und im Kühlschrank ruhen lassen.
Für die Füllung den Ricotta durch ein Sieb streichen und mit dem Puderzucker zu einer lockeren Creme aufschlagen. Die kandierten Früchte und die Schokolade hinzufügen und etwa 1 Stunde im Kühlschrank ruhen lassen.
Den Backofen auf 180 °C vorheizen.
Den Teig etwa ½ cm dick ausrollen und portionsweise in leicht gefettete runde Förmchen geben, eine Schicht Füllung daraufgeben und mit einem etwas kleineren Teigrund bedecken. Im Ofen 20–25 Minuten backen und auf einem Rost auskühlen lassen.
In der Zwischenzeit für die Glasur die Eiweiße zu lockerem Schnee schlagen, den Puderzucker und den Zitronensaft hinzufügen und zu festem glänzendem Schnee weiterschlagen.
Die *Minne* vorsichtig aus den Förmchen lösen, gleichmäßig mit der Glasur bestreichen und mit einer Kirsche krönen.
Wenn Sie keine passenden Förmchen haben, können Sie die Teigkreise auch mit einem Glas ausstechen und die *Minne* auf einem mit Backpapier ausgelegten Backblech backen.

SFINCI DI SAN GIUSEPPE
MIT RICOTTACREME GEFÜLLTE KRAPFEN

Für etwa 15–20 Stück
250 ml Wasser
100 g Butter
1 Prise Salz
150 g Mehl
4 Eier
Erdnussöl zum Frittieren

FÜR DIE FÜLLUNG
200 g Ricotta vom Schaf
80 g Zucker
75 g dunkle Schokolade, in kleine Stücke gebrochen
kandierte Früchte und Puderzucker zum Garnieren

Am Vorabend den Ricotta mit dem Zucker mischen und durch ein Sieb streichen. Im Kühlschrank ruhen lassen.
Das Wasser, die Butter und das Salz in einem kleinen Topf aufkochen lassen. Vom Herd nehmen und das Mehl hinzufügen, dabei kräftig rühren. Bei sehr kleiner Hitze und unter ständigem Rühren nochmals einige Minuten köcheln lassen.
Den Teig in eine Schüssel geben und abkühlen lassen, dann nach und nach die Eier unterrühren. Etwa 30 Minuten ruhen lassen.
Anschließend jeweils 1 EL Teig in heißem Öl frittieren. Verwenden Sie dazu einen hochwandigen Topf und reichlich Öl, sodass die Teigkrapfen gut »schwimmen« können. Außerdem sollte man sie beim Frittieren mit einem Löffel immer wieder leicht »klopfen«, damit sie gut aufgehen und innen hohl bleiben.
Auf Küchenpapier abtropfen lassen, mit Ricottacreme füllen (vorher die Schokolade untermischen) und mit kandierten Früchten und Puderzucker garnieren.

In Sizilien gehört im Sommer die *Granita* zum Frühstück, vor allem in den Provinzen Messina, Catania und Syrakus. Man geht in die Bar, bestellt diese gefrorene Köstlichkeit und taucht eine *Brioche* darin ein, manchmal wird sie einfach mit einem Stück Weißbrot serviert. Bei der fabrikmäßigen Herstellung werden Verdickungsmittel (wie Johannisbrotbaummehl, Weizenstärke usw.) verwendet, die eine cremigere Konsistenz, eine bessere Haltbarkeit und einen Schutz gegen zu schnelles Schmelzen gewährleisten. Wir haben uns allerdings für traditionelle Rezepte entschieden. Diese stammen aus einer Zeit, als die *Granita* noch zu Hause hergestellt wurde und es nicht einmal eine Eismaschine gab. Die Mengenangaben für den Zucker sind nur Richtwerte, gerade bei Eis ist die Süße Geschmacksache.

GRANITA DI LIMONE
ZITRONENSORBET

Für 2 Personen
2 unbehandelte Zitronen
40 ml kalter Zuckersirup

Die Zitronen auspressen und die Schale von 1 Zitrone abreiben. Den Saft in einem Topf mit Wasser auf 450 ml aufgießen, den Zuckersirup und die Zitronenschale hinzufügen. Wenn Sie eine Eismaschine zur Verfügung haben, auf die gewohnte Weise Eis herstellen. Sonst das Zitronenwasser in ein flaches Aluminiumgefäß gießen und in die Tiefkühltruhe stellen. Etwa alle 30 Minuten mit der Gabel verrühren, damit keine Eiskristalle entstehen.

GRANITA DI MANDORLE
MANDELSORBET

Für 2 Personen
400 ml Mandelmilch, ungezuckert
(siehe Seite 156)
4–5 EL kalter Zuckersirup

Die Mandelmilch mit dem Zuckersirup mischen, dann weiter wie bei der *Granita di limone* verfahren.

GRANITA DI CAFFÈ
ESPRESSOSORBET

Für 2 Personen
200 ml Espresso
100 ml kalter Zuckersirup

Den Espresso kochen und abkühlen lassen, anschließend mit Wasser auf 400 ml aufgießen und den Zuckersirup einrühren. Dann weiter wie bei der *Granita di limone* verfahren.

GRANITA DI GELSI
MAULBEERSORBET

Für 2 Personen
2 Körbchen Maulbeeren
(ergeben etwa 150 ml Saft)
Saft von 1 Zitrone
40 ml kalter Zuckersirup

Die Maulbeeren durch ein Sieb streichen und den Saft auffangen, anschließend 200 ml Wasser, den Zitronensaft und den Zuckersirup hinzufügen. Dann weiter wie bei der *Granita di limone* verfahren.

LA BRIOCHE CON IL TUPPO DI NONNA ADELE
BRIOCHE ALLA NONNA ADELE

Für etwa 20 Stück
1 kg Mehl
160 g Zucker
400 ml Milch
30 g frische Hefe
2 Päckchen Vanillezucker (oder 1 Vanilleschote)
1 gehäufter TL Salz
150 g Schweineschmalz
4 Eier
2 Eier und Zucker zum Garnieren

Das Mehl sieben und mit dem Zucker mischen, aufhäufen und eine Vertiefung in die Mitte drücken. Anschließend die lauwarme Milch mit der darin gelösten Hefe in die Mulde geben. Die Vanille und das Salz hinzufügen und alles gut verkneten, dann das Schmalz (am besten 2 Stunden vorher aus dem Kühlschrank nehmen) hinzufügen und das Ganze zu einem homogenen Teig verarbeiten.
Um die richtige Elastizität zu erzielen, empfiehlt Nonna Adele, den Teig etwa 20-mal hochzuheben und wieder auf die Arbeitsfläche fallen zu lassen. Danach 10–11 Stunden in einer Porzellan- oder Glasschüssel mit einem Küchentuch abgedeckt im Kühlschrank ruhen lassen.
Anschließend den Teig aus dem Kühlschrank nehmen und in etwa 20 Portionen teilen.
Daraus Kugeln formen, von jeder Kugel etwas Teig abnehmen und eine kleine Kugel formen.
In die Mitte jeder großen Kugel eine Vertiefung drücken und die kleine Kugel leicht hineinpressen. Das klingt einfacher als es ist, denn wenn die *Brioches* aufgehen, kann die kleine Kugel leicht herausfallen oder zu tief einsinken.
Den Backofen auf 180 °C vorheizen. Ein Backblech einfetten und die *Brioches* daraufsetzen.
Mit dem mit Zucker verquirlten Ei bestreichen und mit einem Küchentuch abdecken.
1–1 ½ Stunden aufgehen lassen, bis der Teig sein Volumen verdoppelt hat. Danach nochmals mit der Ei-Zucker-Mischung bestreichen und im heißen Ofen etwa 15–20 Minuten backen.

In Palermo ist *Brioche* mit Eis ein kulinarisches MUSS. Als ich diese Köstlichkeit als Kind das erste Mal probiert habe, kam es mir wie ein süßes Wunder vor, mit einem Hauch Exotik, wie eine Briefmarke aus einem fernen Land. In meiner Erinnerung ist *Brioche* mit Eis mit einem Onkel verbunden, der mit seiner Familie im Westen Siziliens lebte.
Später, als erwachsene Frau, habe ich von einer Freundin aus Palermo, ihrer Mutter und ihrer Großmutter Adele erfahren, dass dieses Rezept ganz einfach sei. Und so war es auch: Unsere *Brioches* waren leicht und luftig, dufteten herrlich, und ihre Spitze krönte eine kleine Kugel.

GELATO DI LATTE DI MANDORLE
MANDELMILCHEIS

Für 4–5 Personen
500 ml gezuckerte Mandelmilch (siehe Seite 156)
150 g Sahne
Koriander oder abgeriebene Orangenschale zum Garnieren

Das Rezept ist ganz einfach: Die Mandelmilch und die Sahne vermischen und in die Eismaschine geben.
Vor dem Servieren nach Belieben garnieren: Der legendäre italienische Feinschmecker Pellegrino Artusi empfiehlt in seinem Kochbuch Koriander zu diesem Eis, aber auch kandierte Orangenschalen sowie Kastanien- oder Erdbeerbaumhonig harmonieren sehr gut.

LA FETTA MOCA
KALTER HUND

Für 10 Personen
300 g Zucker
125 g Eiweiß
1 kg frische Sahne
5 kleine Tassen Espresso
1 rechteckiger Biskuit (etwa 12 x 30 cm)
½ Glas Likör zum Beträufeln

FÜR DIE SCHOKOLADENGLASUR
500 g dunkle Schokolade
1 kleines Glas Sonnenblumenöl

100 g Zucker in 30 ml Wasser auflösen und erhitzen. Sobald der Zucker Fäden zieht, vom Herd nehmen. Das Eiweiß mit dem restlichen Zucker steif schlagen und langsam den Zuckersirup dazugeben. Die Sahne steif schlagen, unter die Eiweißcreme ziehen und 4 Tassen Espresso unterrühren. Die Masse in eine Parfaitform geben, die Oberfläche glatt streichen, mit dem passend geschnittenen Biskuit belegen und mit dem mit Wasser gestreckten Likör und 1 Tasse Espresso beträufeln.
Etwa 12 Stunden in die Tiefkühltruhe stellen. Danach aus der Form stürzen und die Biskuitrolle wieder in die Tiefkühltruhe zurückstellen. Für die Glasur die Schokolade mit dem Öl im Wasserbad schmelzen lassen und unter ständigem Rühren auf etwa 35 °C abkühlen lassen. Die Oberfläche der Biskuitrolle mit der Schokoladenglasur überziehen und die *Fetta moca* bis zum Servieren im Tiefkühler aufbewahren.

Das Rezept stammt aus der Konditorei von Antonio und seiner Tochter Elena. Vielen Dank!

LATTE DI MANDORLA
MANDELMILCH

Für 1 Liter
250 g Mandeln, ungeschält
Zucker nach Belieben
1 l Wasser

Die Mandeln in kochendem Wasser einige Minuten blanchieren und noch sehr heiß zwischen Daumen und Zeigefinger »durchflutschen« lassen, um die Schale zu entfernen. Vorsicht, dabei kann man sich gehörig die Finger verbrennen! In einem Küchentuch trocknen und anschließend klein hacken. In ein Tuch geben, die Enden verknoten und etwa 1 Stunde in warmes Wasser tauchen. Dann das Tuch herausnehmen und die Mandelmasse kräftig auspressen. Erneut etwa 1 Stunde ins Wasser tauchen und auspressen. Danach die Mandelmilch nach Belieben zuckern, in eine Flasche füllen und im Kühlschrank aufbewahren. Sehr kalt servieren.

Natürlich gibt es auch in Sizilien fertige Mandelmilch im Tetrapack. Aber es lohnt sich, wenigstens einmal die Mandeln zu »melken« und die selbst gemachte Milch zu genießen. Dann kann man auch die Süße individuell bestimmen.

Da conservare

Eingemacht und eingekocht

LIQUORE DI CAFFÈ
KAFFEELIKÖR

Zugegeben, Kaffeelikör ist wohl eher eine Reminiszenz an die Vergangenheit, aber eisgekühlt im Sommer getrunken oder im Winter in winzigen Schlucken genippt, geht von diesem Getränk auch heute noch eine gewisse Faszination aus.

Etwa 400 ml frischen Espresso mit 400 g Zucker in einen Topf geben, aufkochen und abkühlen lassen. Anschließend 220–250 ml reinen Alkohol und ein Fläschchen Kaffeearoma (gibt es in gut sortierten Drogerien) hinzufügen und die Flüssigkeit in eine Flasche füllen. Etwa 1 Monat ruhen lassen, danach filtern, damit sich keine Rückstände absetzen. Der Kaffeelikör ist fertig.

FINOCCHIO MARINO SOTT' OGLIO
EINGELEGTER MEERFENCHEL

Der Meerfenchel wächst überall an der felsigen Küste Siziliens. Aber vor allem auf den vorgelagerten kleinen Inseln wird er geerntet und als Beilage serviert.
Schadhafte und vertrocknete Teile entfernen, die zarten Blätter sorgfältig waschen und einige Minuten in Essigwasser kochen (Wasser und Essig zu gleichen Teilen). Mit dem Schaumlöffel herausnehmen und auf Küchenpapier abtropfen lassen. Anschließend mit einigen scharfen Peperoncini in sterilisierte Schraubgläser geben und mit so viel Olivenöl aufgießen, bis der Fenchel komplett bedeckt ist. Achten Sie darauf, dass sich keine Luftblasen bilden.

VINO COTTO
»GEKOCHTER« WEIN

Der *Vino cotto* ist eine Kostbarkeit der sizilianischen Küche. Wenngleich die Zubereitung zeitaufwändig ist, hat diese Würzspezialität in den letzten Jahren eine kleine Renaissance erlebt.
Der »gekochte Wein« wird während der Weinernte aus Most und erkalteter Weinrebenasche hergestellt (man rechnet 2 EL Asche auf 1 Liter Most). Gut verrühren, aufkochen lassen und bei sehr schwacher Hitze etwa 3 Stunden köcheln lassen, bis die Flüssigkeit auf ein Drittel reduziert ist. Abkühlen lassen, anschließend durch Baumwollgaze filtern und die aromatische Köstlichkeit in eine Flasche abfüllen.

Vino cotto 2006

COTOGNATA
QUITTENMARMELADE

Nonna Pina rät, für dieses Rezept nur vollreife, makellose Quitten zu verwenden.
Die Früchte schälen und mit so viel Wasser in einen Topf geben, dass die Quitten vollständig bedeckt sind. Weich kochen (die Früchte platzen auf). Abgießen, in Stücke schneiden und durch ein Sieb streichen.
Das Fruchtmus wiegen und mit der gleichen Menge Zucker aufkochen lassen, gut verrühren. Nach etwa 5 Minuten Zitronensaft hinzugeben (man rechnet den Saft von 1 Zitrone auf 1 kg Marmelade) und weitere 5 Minuten kochen. Wenn die Quittenmarmelade fertig ist (sie »überzieht« den Löffel) in Terrakottaförmchen geben und etwa 24 Stunden eindicken lassen.

MOSTARDA
»SENF«

Auch dieses Rezept stammt von Nonna Pina. Wir übernehmen es genauso, wie sie es uns in einem Brief übermittelt hat.
»Zuerst muss man den Most mit der Weinrebenasche mischen und etwa ½ Stunde kochen, danach filtern und stehen lassen.
Für die Mostarda muss man auf 1 Liter Most 70 g Weizenstärke oder 100 g Mehl rechnen. Außerdem müssen 50 g Zucker und 15 g Kakao hinzugegeben werden. Bevor man den angedickten Most in die Förmchen gibt, etwas Zimt, Nelkenpulver und fein abgeriebene Orangenschale untermischen. Die Schale sollte vorher an der Luft oder im Ofen getrocknet worden sein. Wenn man die Mostarda gleich essen möchte, können gerne noch Haselnüsse, Mandeln, Pinienkerne oder was man sonst so im Haus hat, untergerührt werden.«

Gutes Gelingen wünscht Nonna Pina.

STRÀTTU DI POMODORO
TOMATENEXTRAKT

Dieser Tomatenextrakt ist die ideale Form, das volle Aroma sonnengereifter Tomaten zu bewahren. Allerdings steckt eine ganze Menge Arbeit dahinter. Nicht etwa, weil die Zubereitung besonders kompliziert ist, vielmehr weil man eine große Menge Tomaten, reichlich Sonne und vor allem viel Zeit und Geduld braucht. Gehen Sie davon aus, dass das Ganze etwa zehn Tage dauert, und rechnen Sie für etwa 500 g *Stràttu* mindestens 10 kg Tomaten.
Die erntefrischen vollreifen Tomaten waschen, halbieren, mit Salz bestreuen und zum Trocknen in die Sonne legen, am besten auf Matten aus Schilfrohr oder auf Lattenroste, sodass von allen Seiten Luft an die Früchte kommt. Am nächsten Tag werden die Tomaten etwa zwei Stunden in einem großen Kessel gekocht und dann durch ein Sieb gestrichen, um Schale und Kerne zu entfernen.
Anschließend die Paste auf saubere Holzbretter streichen und mit einem Gazetuch bedecken, um sie vor Ungeziefer und Staub zu schützen. Am Tag in die Sonne stellen, über Nacht ins Haus holen, damit keine Feuchtigkeit eindringen kann. Die Tomatenpaste wird mehrere Male am Tag mit einer Gabel »durchgekämmt«, dadurch kann sie gleichmäßiger trocknen, je nach Stärke der Sonne etwa drei- bis fünfmal. Je mehr die Masse eintrocknet, umso geringer wird das Volumen. Statt Holzbrettern können dann Keramikplatten verwendet werden. In einem letzten Schritt wird nach etwa zehn Tagen die *Stràttu* mit den Händen mit ein wenig hochwertigem Olivenöl und Kräutern (meist Basilikum) gemischt und in Glas- oder Tongefäße gefüllt. Die Oberfläche mit Olivenöl bedecken.

POMODORI SECCHI
GETROCKNETE TOMATEN

Ein sehr einfaches Rezept, aber Sie sollten vorher den Wetterbericht hören, denn es sind mindestens drei ungetrübte Sonnentage nötig, damit es gelingt. Gesunde, vollreife Tomaten einer Sorte auswählen, die wenig Wasser und aromatisch-süßes, festes Fruchtfleisch hat.
Die Tomaten waschen, trocknen und halbieren, die Kerne und das wässrige Innere entfernen.
Die ausgehöhlten Tomatenhälften mit der Schnittfläche nach oben auf ein sauberes Holzbrett legen, mit grobem Salz bestreuen und mit einem dünnen Gazeschleier bedecken.
Drei Tage ruhen lassen, tagsüber in der Sonne, nachts an einem trockenen Ort im Haus.
Sollten die Tomaten noch nicht durchgetrocknet sein, noch einen Tag in die Sonne stellen. In sterilisierte Gläser füllen, nach Belieben mit Olivenöl übergießen und hermetisch verschließen.
Manchmal werden die Tomaten vor dem Einmachen zur Desinfektion mit Essig abgewaschen. Diese Vorsichtsmaßnahme ist aus hygienischen Gründen eine gute Idee, allerdings wird den getrockneten Tomaten dadurch etwas von ihrer Süße genommen.

ESTRATTO
DI
POMODORO
€ 15.00
KILO

POMODORO. SICILIANO
PACCHINO
€ 6,00

Kapernsträucher wachsen in Sizilien überall. Sie sind genügsam und gedeihen sogar auf felsigen Böden, besonders gut inmitten von Lavafelsen. Die Kapernblüte ähnelt einer Orchidee. Es lohnt sich, die Früchte im Frühling und Sommer zu sammeln, auch wenn man weiß, dass die Verarbeitung und das Konservieren ein bisschen *camurriusa* ist, mühsam und langwierig. Besonders auf den vorgelagerten Inseln sind Kapern ein wichtiger Wirtschaftsfaktor. Größer oder kleiner, mehr oder weniger salzig: Kapern sind unverzichtbare Zutaten zahlreicher Gerichte.
Die nachfolgenden Rezepte stammen von Rita Burgio von der Insel Pantelleria und von Umberto Re aus Salina, der sich lieber Re Umberto (König Umberto) nennen lässt, und behauptet, die Kapern seit 60 Jahren in der gleichen Weise zuzubereiten, was vor allem mit den klimatischen Bedingungen seiner Insel zu tun habe.

LE RICETTE PER I CAPPERI DA PANTELLERIA
DIE REZEPTE FÜR DIE KAPERN VON PANTELLERIA

Auf Pantelleria werden Kapern (mit und ohne Stiel) auf zwei verschiedene Arten eingelegt und konserviert. Nach der traditionellen Methode werden die am frühen Morgen geernteten Kapernknospen einige Tage an einem kühlen Ort auf Jutebahnen ausgelegt, damit sie nicht aufblühen. Anschließend werden sie in *Panari*, in Körbe, geschichtet, immer abwechselnd mit einer Schicht Meersalz, und eine Woche mariniert. Dann wird das überschüssige Wasser abgegossen und erneut eingesalzen. Diese Prozedur noch dreimal wiederholen. Danach die Kapern in Salz, Weißweinessig oder Olivenöl konservieren. Auf diese Weise behalten sie ihr Aroma besonders lange. Alternativ kann man die Kapernknospen aber auch sofort nach der Ernte für einen Tag in Salz einlegen, unter fließendem Wasser abwaschen, abgießen und kochen, um sie danach mit Öl und Essig zu würzen. Diese Methode ist zwar bequemer, aber leider bekommen die Kapern durch das Kochen einen leicht bitteren Beigeschmack.

LA RICETTA PER I CAPPERI DA SALINA DI RE UMBERTO
DAS REZEPTE FÜR DIE KAPERN VON SALINA VON KÖNIG UMBERTO

Die kleinen Kapern von Salina werden zwischen Mai und August geerntet. Danach in einen Zuber geben und mit Salz bedecken, mit den Händen gut durchmischen, damit alle Kapern gut eingesalzen sind. Drei Wochen lang stehen lassen, dabei alle drei Tage durchmischen, hin und wieder etwas Salz hinzugeben und angefaulte Kapern aussortieren. Danach in gründlich gereinigte Gläser füllen, hermetisch verschließen und in der Speisekammer aufbewahren.

CUCUNCI SOTT' ACETO
EINGELEGTE KAPERN

Bei der Ernte der Kapernknospen muss man genau hinsehen: die großen, bereits geöffneten nicht pflücken, sondern nur die kleinen knackigen, noch nicht geöffneten. Die Knospen vorsichtig waschen, damit sie nicht beschädigt werden, und einige Stunden in der Sonne trocknen lassen. Zusammen mit reichlich Meersalz in ein Gefäß mit breitem Rand geben, mit den Händen gut durchmischen und mit Salz bedecken. Einen Tag ziehen lassen, danach mit 2 Gewürznelken, 4 Lorbeerblättern, etwas Basilikum und Minze in Weißweinessig aufkochen. Leicht abkühlen lassen und noch lauwarm mit ein wenig Meersalz in sterilisierte Schraubgläser geben und mit Essig bedecken.

Ingredienti

Zutaten

MANDELN

PISTAZIEN

ZWIEBELN AUS GIARRATANA

KNOBLAUCH AUS NUBIA

KAKTUSFEIGEN

ZITRONEN

DATTELTOMATEN

MARSALA

CUCUZZA LUNGA

ZUCCHINIRANKEN

MEERSALZ AUS TRAPANI

SCHOKOLADE AUS MODICA

HONIGMELONE

PIACENTINO/PECORINO MIT PFEFFER

WILDFENCHEL

ROTE GARNELEN

Rimescolando

Traditionelles mal anders

CHUTNEY DI FICHI D' INDIA BIANCHI
KATUSFEIGENCHUTNEY

Für 3 kleine Schraubgläser
16 weiße Kaktusfeigen
150 g Zucker
1 Zwiebel aus Giarratana (etwa 500 g), fein gehackt
1 TL Ingwerpulver
50 ml Weißweinessig
1 TL feines Salz
1 Zimtstange
½ TL scharfer Peperoncino, entkernt und fein gehackt

Die Kaktusfeigen mit einer Gabel festhalten und die beiden Enden mit einem Messer abschneiden. Dann die Schale der Länge nach aufschneiden und einfach abrollen, dabei die Frucht nicht mit den Fingern berühren.
2 geschälte Feigen beiseitestellen, den Rest durch ein Gemüsesieb pressen, um die Kerne zu entfernen.
Das Fruchtmus in einer großen Schüssel mit den beiseitegestellten Feigen und dem Zucker mischen. Zwiebeln, Zimt, Peperoncino, Ingwer, Salz und schließlich den Essig hinzugeben.
Das Ganze einige Stunden marinieren.
Anschließend die Masse in einem Topf mit dickem Boden etwa zwei Stunden bei sehr kleiner Hitze köcheln lassen, dabei häufig umrühren. Wenn Sie das Chutney nicht gleich verbrauchen, in sterilisierte Gläser füllen.

GAZPACHO DI CUCUZZA LUNGA
ZUCCHINIGAZPACHO

Für 4 Personen
500 g *Cucuzza lunga*
2 Stängel Minze
½ Salatgurke, in Würfel geschnitten
½ große Zwiebel, fein gehackt
½ Knoblauchzehe, fein gehackt
2 Scheiben altbackenes Weißbrot, gerieben
7 EL Essig
5 Prisen Salz
2 Gläser Wasser
½ Glas Olivenöl extravergine

Die *Cucuzze lunge* waschen, schälen, in Scheiben schneiden und 2–3 Minuten kochen lassen. Die Blätter von den Minzestängeln zupfen und fein hacken.
Abgießen und mit den Gurkenwürfeln, den Zwiebeln, dem Knoblauch, der Minze, den Semmelbröseln, dem Essig und dem Salz in ein luftdicht abschließendes Gefäß geben und das Ganze im Kühlschrank etwa eine Stunde marinieren. Anschließend mit dem Wasser und dem Öl im Mixer pürieren. Im Kühlschrank aufbewahren und gut gekühlt servieren.

ALICI IN FOGLIA DI LIMONE
SARDELLEN IM ZITRONENBLATT

Für 4 Personen
16 Zitronenblätter
16 Sardellen
3 EL Semmelbrösel
1 EL Parmigiano Reggiano, frisch gerieben
Oregano
abgeriebene Schale von 1 Zitrone aus biologischem Anbau
Salz
Olivenöl extravergine

Die Zitronenblätter waschen und trocken tupfen. Die Sardellen putzen, den Kopf und die Mittelgräte entfernen. Die Schwanzflosse nicht entfernen, da sie die beiden Filets zusammenhält.
Auf einem Teller die Semmelbrösel, den Käse, den Oregano, den Zitronenabrieb und das Salz zu einer Panade mischen.
Die gesäuberten und trocken getupften Sardellen durch das Olivenöl ziehen und dann in der Panade wälzen. Jede Sardelle auf ein Zitronenblatt legen, zusammenrollen und mit einem Zahnstocher fixieren.
Den Backofen auf 160 °C vorheizen.
Die Sardellen auf ein mit Backpapier abgedecktes Backblech geben und mit etwas Olivenöl und etwas Zitronensaft beträufeln.
Im heißen Ofen etwa 10 Minuten backen.
Heiß servieren.

»SIGARI« DI PIACENTINO NELLE FOGLIE DI LIMONE
KÄSE IM ZITRONENBLATT

Für 4–5 Personen
20 Zitronenblätter
200 g Piacentino (Pecorino mit Pfefferkörnern)
schwarzer Pfeffer aus der Mühle (Menge nach Belieben)

Die Zitronenblätter waschen und trocken tupfen.
Den Käse in rechteckige Stücke von etwa 10 g schneiden, auf die Zitronenblätter legen, mit dem Pfeffer übermahlen, die Blätter zusammenrollen und mit einem Zahnstocher fixieren.
Auf dem Holzkohlengrill oder im Backofen grillen, dabei darauf achten, dass die Blätter nicht verbrennen und der Käse nicht zu weich wird.

TAPENADE DI CAPPERI
KAPERN-SARDELLEN-PASTE

100 Kapern, gesalzen
6 milde schwarze Oliven
Saft und abgeriebene Schale von
1 unbehandelten Zitrone
2 Sardellenfilets
1 Knoblauchzehe, abgezogen und den Keim
entfernt
Spitze von 1 Peperoncino, entkernt und
fein gehackt
15 Blätter Petersilie
1 Glas Olivenöl extravergine

Die Kapern etwa 1 Stunde in Wasser einweichen, dabei das Wasser mindestens dreimal wechseln, anschließend unter fließendem Wasser waschen und mit einem Küchentuch sorgfältig abtrocknen.
Die Oliven entkernen, die Zitrone auspressen, die Schale vorsichtig abreiben, etwas Schale in Zesten abziehen und beiseitestellen.
Die Kapern mit den Oliven und den Sardellen pürieren. Knoblauch, Peperoncino und die Petersilie hinzufügen, anschließend den Zitronensaft und nach und nach das Olivenöl dazugießen.
Kurz vor dem Servieren die geriebene Zitronenschale unterrühren, die beiseitegestellten Zesten zur Dekoration verwenden.

SFORMATO DI »TENEREZZA«
ZUCCHINI-KÄSE-FLAN

Für 4 Personen
1 großes Bündel zarter Zucchiniranken
2 Eier, getrennt
100 g Pecorino, frisch gerieben
1 Glas Milch
Salz, Pfeffer aus der Mühle
Semmelbrösel

Die Zucchiniranken putzen (nur die ganz zarten Triebe verwenden), waschen und in leicht gesalzenem Wasser blanchieren. Gut abtropfen lassen und zusammen mit den Eigelben, dem Käse, der Milch sowie etwas Salz und reichlich Pfeffer pürieren. Anschließend die zu Schnee geschlagenen Eiweiße unterheben.
Den Backofen auf 180 °C vorheizen.
Die Masse in eine gefettete und mit Semmelbröseln ausgestreute feuerfeste Form geben und im heißen Ofen etwa 20 Minuten backen.
Sofort servieren (der Auflauf schmeckt aber auch kalt).

ALICI AL KUMQUAT
SARDELLEN MIT KUMQUATS

Für 4 Personen
16 Sardellen
Saft von 2 Zitronen
2 cm frischer Ingwer, fein gehackt
Olivenöl extravergine
3 EL Semmelbrösel
Salz, Pfeffer aus der Mühle
16 Kumquats

Die Sardellen putzen, auf der Bauchseite aufschneiden, aufklappen, Kopf und Mittelgräte entfernen. Sorgfältig waschen, trocken tupfen und etwa 30 Minuten in Zitronensaft und Ingwer marinieren.
Aus der Marinade nehmen, durch das Olivenöl ziehen und in den mit Salz und Pfeffer gewürzten Semmelbröseln wälzen. Jeweils 1 Sardelle um 1 Kumquat wickeln, mit einem Zahnstocher fixieren und goldbraun grillen. Nochmals leicht salzen und sofort servieren.

GAMBERO ROSSO MARINATO
ROTE GARNELEN MIT KORIANDER

Für 4 Personen
1 Bund frischer Koriander
500 g fangfrische rote Garnelen
4 grüne unbehandelte Zitronen
1 Knoblauchzehe, zerdrückt
1 Peperoncino, entkernt und fein gehackt
1 TL Ingwerpulver
Salz
6 EL Olivenöl extravergine

Den Koriander waschen und trocken schütteln. Die Blätter von den Stängeln zupfen und fein hacken. Die Garnelen waschen, vorsichtig aus der Schale lösen, Kopf und Darm entfernen.
Die Zitronen auspressen und die Schale von 1 Zitrone in Zesten abziehen und in einer großen Schüssel mit dem Knoblauch, dem Peperoncino und dem Ingwer mischen.
Die Garnelen hinzufügen, die Schüssel mit Frischhaltefolie abdecken, in den Kühlschrank stellen und 4–5 Stunden marinieren.
Danach sorgfältig den Knoblauch entfernen, die Garnelen salzen, den Koriander dazugeben und das Ganze mit Olivenöl übergießen.

SALE ALLA ZAGARA
ZITRONENSALZ

Schale von 1 grünen unbehandelten Zitrone
500 g Meersalz aus Trapani
10 Zitronenblüten

Die Zitrone vorsichtig schälen, dabei das weiße Häutchen nicht verletzen. Die Schale in Stücke schneiden und in der Sonne gut trocknen lassen (alternativ für etwa 4 Stunden in den auf 70 °C vorgeheizten Backofen geben).
Abkühlen lassen, zerreiben und mit dem Salz vermischen. Die frisch gepflückten Zitronenblüten in ein Gefäß legen und das aromatisierte Salz darübergeben, bis alle Blüten bedeckt sind.
Einen halben Tag in die Sonne stellen, danach an einem trockenen Ort aufbewahren.
Zitronensalz eignet sich gut für kalte Speisen und rohes Gemüse.

SPAGHETTI ARANCIA E GAMBERO ROSSO
ORANGENSPAGHETTI MIT ROTEN GARNELEN

Für 4 Personen
400 g Spaghetti
16 fangfrische rote Garnelen
½ Zwiebel, fein gehackt
½ Karotte, fein gehackt
2 Lorbeerblätter
2 Orangen aus biologischem Anbau
Saft von 1 Zitrone
4 EL Olivenöl extravergine
2 Schalotten, fein gehackt
Salz, Pfeffer aus der Mühle
2 EL Petersilie, fein gehackt

Die Garnelen vorsichtig putzen, die Köpfe und die Schalen mit zwei Tassen leicht gesalzenem Wasser, der Zwiebel, der Karotte und den Lorbeerblättern aufkochen lassen.
1 Orange auspressen, den Saft mit dem Zitronensaft mischen und beiseitestellen.
Das Olivenöl In einer großen Pfanne erhitzen und die Schalotten anschwitzen. Wenn es zu brutzeln beginnt, mit dem Saft aufgießen und bei starker Hitze fast vollständig einkochen lassen.
Die zweite Orange schälen, klein schneiden und zusammen mit den Garnelen in die Pfanne geben. Die Fischbrühe durch ein dünnes Baumwolltuch filtern und dazugießen, das Ganze einige Minuten kochen lassen, mit Salz würzen und beiseitestellen.
Die Spaghetti in reichlich Salzwasser al dente kochen, abgießen und mit den Garnelen mischen. Vor dem Servieren mit dem Pfeffer übermahlen und mit der Petersilie bestreuen.

ARISTA AL CIOCCOLATO DI MODICA
SCHWEINERÜCKEN IN SCHOKOLADENSAUCE

Für 4–5 Personen
4 EL Olivenöl extravergine
2 Schalotten, fein gehackt
800 g Schweinerücken ohne Knochen
3 kleine Gläser Marsala
100 g Schokolade aus Modica
Salz, Pfeffer aus der Mühle

Das Olivenöl in einer großen Pfanne erhitzen und die Schalotten goldgelb anschwitzen.
Die Hitze erhöhen, das Fleisch dazugeben und auf allen Seiten kräftig anbraten. Anschließend 2 Gläschen Marsala dazugießen und flambieren. Die Hitze reduzieren und die geriebene Schokolade dazugeben.
Zugedeckt bei kleiner bis mittlerer Hitze etwa 45 Minuten köcheln lassen, dabei das Fleisch ab und zu wenden und nach und nach den restlichen Marsala zugießen. Mit Salz und Pfeffer würzen und weitergaren lassen, bis das Fleisch weich ist.

Schokolade aus Modica ist eine uralte Spezialität, die schon von den Azteken verwendet wurde. Sie zeichnet sich durch einen intensiven Kakaogeschmack aus.

POLLO AL SALE
HÜHNCHEN IM SALZMANTEL

Für 4 Personen
1 Huhn (etwa 1,5 kg)
Salz und Pfeffer aus der Mühle
3 kg grobes Salz, naturbelassen
1 Zitrone aus biologischem Anbau
½ Glas Insolia oder ähnlicher Weißwein

Das Huhn ausnehmen und ausbrennen, das Innere mit Salz und Pfeffer würzen und mit der Zitrone (vorher die Schale einritzen) füllen.
Eine hochwandige feuerfeste Backform mit einer dicken Schicht Salz füllen und das Huhn daraufsetzen. Das restliche Salz in eine große Schüssel füllen und mit einem Holzlöffel nach und nach den Weißwein unterrühren, bis das ganze Salz durchfeuchtet ist.
Den Backofen auf 200 °C vorheizen. Das Huhn mit dem aromatisierten Salz bedecken und im heißen Ofen etwa 1½ Stunden garen.

FILETTO DI MAIALE IN CROSTA DI MANDORLE E PISTACCHI
SCHWEINEFILET IN MANDEL-PISTAZIEN-KRUSTE

Für 4 Personen
1 Schweinefilet von etwa 600 g
150 g Mandeln
150 g Pistazien aus Bronte
80 g Pecorino, frisch gerieben
Salz, Pfeffer aus der Mühle
flüssige Butter zum Einpinseln

Den Backofen auf 200 °C vorheizen.
Die Mandeln und die Pistazien sehr fein hacken, den Pecorino hinzugeben, alles gut vermischen und mit Salz und Pfeffer würzen.
Das Fleisch rundherum mit Butter einpinseln und dann in der Panade wälzen.
Im heißen Ofen etwa 15–20 Minuten braten.
Das Fleisch sollte zart und innen rosa sein.

CALAMARI AL MARSALA
CALAMARI IN MARSALA

Für 4 Personen
2 kleine Tomaten
1 große Zwiebel (möglichst aus Giarratana), fein gehackt
3 EL Olivenöl extravergine
500 g Calamariringe
1 kleines Glas Marsala
Salz, Pfeffer aus der Mühle

Die Tomaten blanchieren und die Haut abziehen. Die Zwiebeln mit einigen EL Wasser in einer breiten Pfanne mit dickem Boden aufkochen lassen. Sobald die Zwiebelstückchen weich sind, das Olivenöl und die mit der Gabel zerdrückten Tomaten hinzufügen. Miteinander gut vermischen und anschließend die Calamari dazugeben. Ein ½ Glas Marsala angießen und einkochen lassen. Dann die Hitze reduzieren. Noch weitere 10 Minuten köcheln lassen, dabei ab und zu umrühren.
Mit Salz und Pfeffer würzen. Kurz vor Ende der Kochzeit den restlichen Marsala hinzugeben und einkochen lassen. Lauwarm servieren.

TIRAMISU DI PEPERONI AL VINO COTTO
PAPRIKA-TIRAMISU

Für 4 Personen
4 gelbe Paprika (etwa 300 g Püree)
150 g Mascarpone
100 ml *Vino cotto* (siehe Seite 164)
8 Scheiben Schwarzbrot
1 gehäufter EL Zucker

Die Paprika im heißen Ofen grillen, in eine Papiertüte wickeln und abkühlen lassen. Anschließend schälen, die Scheidewände und die Samen entfernen, klein schneiden und in ein Sieb geben, dabei das Fruchtwasser auffangen. Danach die Paprika im Mixer pürieren, den Mascarpone einrühren und die Masse in den Kühlschrank stellen.
Ein Drittel des *Vino cotto* in eine Schüssel gießen, das aufgefangene Fruchtwasser der Paprika hinzufügen und die zuvor in der Größe der Servierschalen zugeschnittenen Brotscheiben darin einweichen.
In einem Topf den restlichen *Vino cotto* mit dem Zucker vermischen und bei sehr kleiner Hitze zu einer leichten Glasur einkochen.
1 Scheibe Brot in die Servierschale legen, eine Schicht Paprikacreme darauf verteilen, mit einer zweiten Scheibe Brot abdecken und erneut mit Creme bestreichen. Mit der Glasur übergießen und sofort servieren.

TARTE TATIN DI POMODORINI E FINOCCHIETTO SELVATICO
TOMATENTARTE MIT WILDEM FENCHEL

Für 4–5 Personen

FÜR DEN MÜRBETEIG

200 g Mehl (Type 00, alternativ 405)
100 g weiche Butter, in Würfel geschnitten
1 Prise Salz
2 EL kaltes Wasser

FÜR DEN BELAG

30 g Butter
2 EL Zucker
1 Bund wilder Fenchel
Olivenöl extravergine
30 Datteltomaten
1 Knoblauchzehe, fein gehackt

Den Backofen auf 180 °C vorheizen.
Mehl und Butter rasch mit den Fingerspitzen verkneten. Salz und Wasser dazugeben und das Ganze vorsichtig zu einem weichen Teig verarbeiten. In Frischhaltefolie hüllen und etwa 1 Stunde im Kühlschrank ruhen lassen.
Eine flache, runde Kuchenform mit Backpapier auslegen und mit Butterflöckchen und dem Zucker bestreuen. Den Fenchel in wenig Salzwasser blanchieren. Etwas Olivenöl in einer Pfanne erhitzen und die zerdrückten Tomaten und den Knoblauch darin schwenken.
Den Fenchel in die Backform geben, die Tomaten darauf verteilen. Den Teig zu einem Kreis ausrollen und darüberlegen, dabei den Rand gut festdrücken.
Im heißen Ofen etwa 30 Minuten backen, dabei darauf achten, dass der Teig nicht zu dunkel wird. Die Tarte abkühlen lassen und auf einen großen Teller stürzen. Sofort servieren.

MARMELLATA DI MANDARINI DI MARIA CATENA
MANDARINENMARMELADE ALLA MARIA CATENA

Für 4–5 Gläser
1, 3 kg Mandarinen aus biologischem Anbau
1 kg Zucker
1 Päckchen Pektin

Die Mandarinen waschen und schälen. Die Schalen weich kochen, abtropfen lassen und im Mixer zerkleinern.
Die Kerne und die weiße Haut der Mandarinen entfernen und das Fruchtfleisch klein schneiden. Anschließend mit den pürierten Schalen, dem Zucker und dem Pektin vermischen.
Etwa 15 Minuten kochen lassen und die noch warme Marmelade in sterilisierte Schraubgläser füllen, sofort verschließen und zur Sicherheit nochmals sterilisieren.

LIMONATA AL GELSOMINO
JASMINBLÜTENLIMONADE

Für 1 ½ Liter Limonade
1 Handvoll Jasminblüten
4 unbehandelte Limetten
100 g Zucker

Bei Sonnenuntergang die Jasminblüten pflücken und in einen ½ Liter Wasser geben. Eine Nacht lang einweichen.
Die Schale von 1 Limette abreiben (dabei die weiße Haut der Frucht nicht verletzen) und in einem ½ Liter Wasser mit dem Zucker aufkochen und abkühlen lassen.
Am nächsten Morgen beides filtern und zusammenmischen, die Limetten auspressen und den Saft dazugeben. Gut umrühren. Die Limonade sehr kalt servieren, garniert mit einem Schnitz Limette und einigen Jasminblüten.

GRANITA DI NERO D' AVOLA
ROTWEINSORBET

Für 4 Personen
500 ml Wasser
180 g Zucker
750 ml Nero d'Avola
(oder vergleichbarer Rotwein)
1 Prise Zimt

Das Wasser mit dem Zucker aufkochen und abkühlen lassen. Dann den Wein und den Zimt hinzufügen und zugedeckt auf die Hälfte einkochen. Die Flüssigkeit in eine Eismaschine geben und nach Anweisung Eis zubereiten. Oder nach »Großmutterart« vorgehen (einige machen es in Sizilien noch heute so):
Die Flüssigkeit in ein nicht zu hohes Gefäß füllen und in den Gefrierschrank stellen. Etwa alle 30 Minuten mit einer Gabel umrühren, damit das Eis nicht kristallisiert. Ergebnis ist ein leckeres Sorbet.

Nero d'Avola ist eine rote Rebsorte, vermutlich sizilianischer Herkunft. Sie ist vor allem im Süden Italiens verbreitet. Ein tiefdunkler Wein, von dem auch der Name rührt: nero, d. h. schwarz.

PANNA COTTA AGLI AGRUMI
ORANGEN-ZITRONEN-PANNA-COTTA

Für 4–5 Personen
5 g Gelatineblätter
250 ml frische Milch
abgeriebene Schale von je 1 Limette und 1 Zitrone aus biologischem Anbau
250 g Sahne
60 g Zucker
1 TL Orangenblütenwasser

FÜR DIE GARNITUR
2 Kumquats
2 EL Zucker

Die Gelatine in kaltem Wasser etwa 10–15 Minuten einweichen.
Die Milch mit Limetten- und Zitronenabrieb in einem Topf langsam aufkochen, vom Herd nehmen und filtern. Die Zitronenmilch wieder in den Topf geben und die Sahne, den Zucker und das Orangenblütenwasser hinzufügen.
Die gut ausgedrückte Gelatine einrühren und das Ganze einige Minuten köcheln, aber nicht kochen lassen.
Etwa 5 Minuten abkühlen lassen und die Creme in Schälchen oder Gläser füllen.
Mit einigen Schnitzen Kumquat garnieren, die zuvor in Zuckersirup kandiert wurden.

Indici

Anhang

ITALIENISCHES REZEPTREGISTER

DEUTSCHES REZEPTREGISTER

Falls du dieses Land noch nicht kennen solltest, wisse,
dass die heiße Sonne den Bäumen dort ihren Duft entlockt.
Und dann wundere dich nicht: Dieser sanfte Wohlgeruch weht
durch die sizilianische Landschaft, rein und ewig wie der
Gedanke eines Liebenden.
Ibn Hamdis

Dank

Dieses Buch verdankt seine Entstehung vielen verschiedenen Personen. Unser besonderer Dank gilt jedoch Guido Tommasi, ohne den es dieses Buch gar nicht geben würde. In einem Gespräch mit ihm wurde die Idee zu geboren, und er gab uns den nötigen Freiraum, sie in die Tat umzusetzen. Wir bedanken uns auch bei Alessandra, die das Projekt von Anfang bis Ende begleitet hat; bei Giusy, die noch während der Hochzeitsvorbereitungen die Zeit fand, die Texte zu betreuen; bei Laura für ihre sorgfältige Korrektur; Tommaso für das gelungene Layout.
Unser Dank gilt Nonna Pina, die mit uns am Herd stand und stundenlang mit uns telefonierte, wenn wir Fragen zu Details hatten; er gilt Tante Graziella und Onkel Gianni, die uns ihr Haus für die Fotos zur Verfügung stellten; Onkel Maurizio, der mindestens hundert Seeigel für uns gefangen und ausgenommen hat und uns die besten roten Gamberoni bescherte, die wir je gegessen haben; Tante Sarah, die uns unter schwierigen Bedingungen einen Blumenkohl kochte; Micaela, die uns sicher durch die Gassen Palermos und über die Inseln lotste; Enza für ihren Couscous und ihre Energie; Signora Angela für ihr Brot; Signor Sapienza, der uns seinen prächtigen Gemüsegarten und seinen herrlichen Garten öffnete. Wir bedanken uns ebenfalls bei Aldo, der uns immer zur Seite stand, bei Ilaria für ihre Hilfe bei der Cassata, bei Giacomo und Luca für ihre Geduld, bei Laura für die guten Ratschläge und bei Giacomo und Giovanna Alessi, die unserer Arbeit den letzten Schliff gegeben haben. Danke an Cris Vecli, die uns bei der Suche nach dem passenden Tischgeschirr unterstützte, an Spazio Sette in Rom und besonders an Rosanna und Gabriele für ihre liebenswürdige und kompetente Unterstützung. Und natürlich bedanken wir uns bei allen unseren Freunden, die mit uns gekocht und gegessen und die geduldig gewartet haben, bis alle Fotos im Kasten waren.

Bildnachweis:
Die Keramiken auf Seite 29, 38, 53, 65, 97–99, 103, 104, 107, 171 und 201 stammen von Giacomo Alessi.
Die Fotos auf Seite 15 wurden in der Focacceria San Francesco in Palermo aufgenommen. Die beiden ersten Fotos auf Seite 87 zeigen den Innenraum des Restaurants La Grotta in Santa Maria La Scala.
Das Brioche mit der Granita auf Seite 151 wurde in der Pasticceria Russo in Santa Venerina aufgenommen.
Die Marmeladenform oben rechts auf Seite 167 ist ein Teil der Privatsammlung von Giovanna Alessi.
Die Fotos auf Seite 139, 207 und 215 stammen von Maria Teresa Di Marco.

Die Originalausgabe mit dem Titel: *La Cucina Siciliana*
wurde erstmals 2010 im Verlag Guido Tommasi, Mailand, veröffentlicht.

© Datanova S.r.l. (Guido Tommasi Editore), 2010

Copyright © 2011 der deutschen Ausgabe by Edition Styria
in der Verlagsgruppe Styria GmbH & Co KG

Wien • Graz • Klagenfurt
www.styriabooks.de

Umschlaggestaltung: www.buero-jorge-schmidt.de
Grafische Gestaltung und Satz: Elisabeth Petersen, München

Printed in Slovak Republic

Alle Rechte der Verbreitung, auch durch Film, Funk und Fernsehen, fotomechanische Wiedergabe, Tonträger jeder Art, auszugsweisen Nachdruck oder Einspeicherung und Rückgewinnung in Informationssystemen aller Art, sind vorbehalten.

ISBN 978-3-99011-041-6